Mediation auf Kuba

# Studien zur interkulturellen Mediation

Herausgegeben von Hartmut Schröder,
Dominic Busch und Claude-Hélène Mayer

Band 7

PL ACADEMIC RESEARCH

Lena Brode / Claude-Hélène Mayer

# Mediation auf Kuba

## Wie werden Konflikte im realsozialistischen Umfeld gelöst?

PL ACADEMIC RESEARCH

**Bibliografische Information der Deutschen Nationalbibliothek**
Die Deutsche Nationalbibliothek verzeichnet diese Publikation
in der Deutschen Nationalbibliografie; detaillierte bibliografische
Daten sind im Internet über http://dnb.d-nb.de abrufbar.

ISSN 1611-5902
ISBN 978-3-631-66704-0 (Print)
E-ISBN 978-3-653-06206-9 (E-Book)
DOI 10.3726/ 978-3-653-06206-9

© Peter Lang GmbH
Internationaler Verlag der Wissenschaften
Frankfurt am Main 2015
Alle Rechte vorbehalten.
PL Academic Research ist ein Imprint der Peter Lang GmbH.

Peter Lang – Frankfurt am Main · Bern · Bruxelles · New York ·
Oxford · Warszawa · Wien

Diese Publikation wurde begutachtet.

www.peterlang.com

*Man muß an das Beste im Menschen glauben.*
*Man muß dem Besseren Gelegenheit geben, sich zu entfalten.*

**José Martí**

# Inhaltsverzeichnis

# 1 Einleitung

Karibik, Salsa, Zigarren, Zucker, Guerilleros, Kolumbus, Natur pur, Sozialismus, Nostalgie, Oldtimer, Farbenpracht, Musik... Ein assoziatives Potpourri. Nur der Blickwinkel divergiert, denn Kubas Geschichte ist genauso spannend wie umstritten. Die Revolution von 1959 ist ein nachhaltig weltbewegendes Ereignis, denn niemand hätte damals damit gerechnet, dass sich die Freiheitskämpfer solange behaupten. Nachdem sich das ideologische Weltgefüge des kalten Krieges und damit eine intensive wirtschaftliche und kulturelle Zusammenarbeit mit der Sowjetunion und der übrigen RGW-Staaten auflöst, zeigt sich Kubas Dependenz von eben diesen Verbündeten. Von Regierungsseite wird der *Notstand in Friedenszeiten* ausgerufen, der bis heute anhält und unterschiedliche Reformen hervorbringt. Besonders im Tourismussektor wird versucht, mit Hilfe von ausländischen Investoren die ökonomischen Entwicklung Kubas voran zu treiben. Diese kontrollierte Öffnung zur kapitalistisch geprägten Welt führt auch zu einer größeren Handlungsfreiheit der Bevölkerung und leitet durch viele strukturelle Veränderungen einen sukzessiven Gesellschaftswandel ein.

Dieser Prozess spiegelt sich vor allem auf akademischer und kultureller Ebene wider und birgt unter anderem Potential für Reibungen und Konflikte. Die divergierenden gesellschaftspolitischen Überzeugungen und die gegebenen Strategien der Konfliktlösung sind aus kulturwissenschaftlicher Perspektive besonders interessant. Für die Forscherin könnte die *Mediation* eine konkrete Methode der gewaltfreien Konfliktlösung für das Kontextfeld Kuba bieten. Es ist das Anliegen der vorliegenden Studie zu erforschen, inwiefern sich das im Westen etablierte Modell Mediation oder ein vergleichbares Verfahren auf der Insel finden lässt. Die ihr zugrundeliegende Fragestellung wird im Methodenkapitel genauer erläutert.

Die Gefahr einer ethnozentristischen Herangehensweise, die oftmals dazu führt, dass Konfliktlösungsstrategien anderer Länder an vom Westen geprägten Standards gemessen und bewertet werden besteht. Es ist durchaus legitim, ein bestehendes Modell für einen Vergleich heranzuziehen, da im Zuge der Globalisierung mehr und mehr Kontakt und Austausch von Theoriekonzepten und Methoden existiert. Wichtig ist hierbei allerdings der Blickwinkel der Betrachtung und die Offenheit gegenüber unterschiedlichen Formen und Herangehensweisen.

Im ersten Kapitel werden die Grundprinzipien des westlich geprägten Modells der Mediation, die Rolle des Mediators[1] und die Techniken, derer er sich bedienen kann dargestellt. Dabei geht es vor allem um die Interdependenz von gesellschaftlichem Wandel und Mediation.

Das zweite Kapitel widmet sich dem Forschungskontext. Anhand der komplexen Geschichte des Landes wird ein Bild der heutigen Lebensumstände auf Kuba gezeichnet. Vor dem Hintergrund der politischen und humanitären Debatten wird die eingangs erwähnte Öffnung des Landes, die damit verbundenen Reformen und deren Auswirkungen auf den Alltag dargestellt.

Kapitel drei stellt das qualitative Forschungsdesign der explorativen Studie dar. Der Datenerhebung und Analyse liegen phänomenologische und interpretative Denkmuster zugrunde, die in der Erläuterung des methodologischen Vorgehens auch die Rolle der Forscherin selbst reflektieren.

Im vierten Kapitel werden die Ergebnisse der Datenanalyse präsentiert. Hierbei bildet die Reihenfolge der Ergebnisse innerhalb der Kategorien einen roten Faden der zunächst die deskriptiven Aspekte anführt, um dann auf die interpretative Ebene zu gelangen.

Im darauffolgenden Kapitel werden die gesammelten Ergebnisse anhand der theoretischen Grundlage zu Mediation diskutiert und führen im letzten Kapitel zu Ausblick und Fazit dieser Forschungsarbeit.

Der vom Kapitalismus marginalisierte *Sozialismus* und in der Umkehrung die sozialistische Kritik an der vermeintlichen Freiheit des *Kapitalismus* schaffen auch in der Forschung ein polarisiertes Spannungsfeld politisch-ideologischer Überzeugungen. Mit dem Bewusstsein in einer anderen Gesellschaftsform aufgewachsen zu sein, geht es der Forscherin darum, hier Zusammenhänge und Interdependenzen wahrzunehmen und wertfrei darzustellen.

---

1 Aufgrund des besseren Leseflusses wird in der gesamten Studie die männliche Form verwendet. Dabei soll hier ausdrücklich darauf hingewiesen werden, dass alle Geschlechter mitgedacht werden. Wenn es sich um weibliche Personen handelt, wird dies explizit formuliert.

# 2 Mediation

Der Begriff der *Mediation* bezeichnet die Vermittlung zwischen Konfliktparteien durch eine allparteiliche dritte Partei. Das westliche Mediationsverfahren orientiert sich an Grundprinzipien, Phasen und Techniken und der Rollenzuschreibung des Mediators.

Im Zeitalter der Globalisierung gibt es in verschiedenen Kontexten immer mehr Begegnungen unterschiedlicher Kulturen. Auch in diesen Kontexten können Konflikte entstehen, derer sich die *Interkulturelle Mediation* mit ihrer Spezialisierung annimmt. Diese Methode ist allerdings nicht Gegenstand der vorliegenden Studie, da es sich um Mediation innerhalb einer Gesellschaft handelt. Daher wird auf diese (durchaus spannende) Methode nicht weiter eingegangen.

Bevor nun das westlich geprägte Modell der Mediation genauer erläutert wird, soll noch kurz das Verständnis vom *Kultur* erläutert werden, welches dieser Studie zugrunde liegt. Die Forschung verfolgt einen konstruktivistisch - philosophischen Ansatz der davon ausgeht, dass alle Realität sozial konstruiert ist. Jedes Individuum konstruiert sich auf Grundlage seiner subjektiven Erfahrung eine Wirklichkeit. Demnach gibt es auch verschiedene Kulturbegriffe. Der niederländische Kulturwissenschaftler Geert Hofstede unterscheidet zwei Ebenen der Kultur. Die *Kultur Eins,* welche den für Andere sichtbaren Teil bestimmt. Die kulturspezifischen Elemente finden sich hier z. B. in Alltagsphänomenen wie Kleidung, Essen, Gesten etc. Die *Kultur Zwei* ist weniger sichtbar und wird vom Mensch durch kulturelle Sozialisation erlernt. Dadurch entwickeln sich entsprechende Denk- und Fühlmuster.[2] Mitglieder einer kulturellen Gemeinschaft teilen also ein Wertesystem und Verhaltensnormen. Die Interaktion der Mitglieder wird durch Kommunikation reguliert, was bedeutet dass es ein gemeinsames Symbolsystem Sprache gibt.[3]

## 2.1 Verbreitung

Mediation ist, entgegen der sehr weit verbreiteten Ansicht, weder eine neuzeitliche noch eine amerikanische Erfindung. In vielen Kulturen finden sich institutionalisierte Verfahren zur triadischen Konfliktbearbeitung. Unumstritten ist, dass

---

2   Vgl. Mayer, C.-H./ Boness, C. M.: Interkulturelle Mediation und Konfliktbearbeitung, S. 19.
3   Vgl. ebd., S. 22 f.

die amerikanische Konfliktforschung ein klares Vorbild der derzeit in Europa vorhandenen Mediation ist. In Europa verbreitet sich die Mediation als Vermittlungsverfahren erst in den Achtziger und Neunziger Jahren und wird zunächst vor allem bei Ehestreitigkeiten und Scheidungsprozessen eingesetzt. In den 60er Jahren erlebt das Mediationsverfahren in den USA einen neuen Aufschwung. Zu diesem Zeitpunkt entwickeln sich in dem Land zwei recht unterschiedliche gesellschaftliche Bedürfnisse. Im Rahmen der Bürgerrechts- und Friedensbewegung entsteht der Wunsch nach mehr Selbstbestimmung des Individuums aus welchem sich der Ansatz der so genannten *Alternative Dispute Resolution* (ADR) entwickelt, hierzu zählt auch die Mediation. Diesem Ansatz liegt die Überzeugung zugrunde, dass die betroffenen Konfliktparteien am besten wissen wie die Lösung ihrer Auseinandersetzung aussehen kann. Daher sollte ihre Eigenverantwortlichkeit gestärkt werden, damit sie sich nicht immer sofort an ein Gericht wenden. Zum anderen steigt in dieser Zeit die Anzahl der Bagatellkonflikte sehr und belastet das Justizsystem. Daraus ergibt sich auch ein politischer Impuls, die Suche nach außergerichtlichen Lösungswegen und die Selbstverantwortung der Konfliktparteien zu fördern.[4]

## 2.2 Konflikt als Chance

Eine der Mediation zugrundeliegende Annahme ist, dass Konflikte nicht vermieden oder unterdrückt werden können. Sie können immer und überall entstehen und sollten nicht als etwas per se Schlechtes gesehen werden. Ein destruktiver Umgang mit ihnen kann leichter zur Eskalation führen. Paul Watzlawick führt zu diesem Thema die Theorie der *self-fulfilling-prophecy* an. Weil eine Person an die Vorhersage glaubt, handelt sie – bewusst oder unbewusst – so, dass sich die Vorhersage erfüllt.[5] Dies bedeutet im Umkehrschluss dass ein konstruktiver Umgang mit Konflikten neue Möglichkeiten eröffnet. Denn die positive Auswirkung eines auftretenden Konfliktes ist, dass durch ihn sichtbar wird, dass Menschen unterschiedliche Interessen und Bedürfnisse haben. Wenn der Konflikt also als Chance für eine Verbesserung verstanden wird, können zwischenmenschliche oder gesellschaftliche Beziehungen in Zukunft anders geregelt werden. In der Orientierung auf die Erfüllung der Bedürfnisse, die dem Konflikt zugrunde liegen und sich zu, verhärteten Interessen entwickelt haben entwickelt sich eine Auseinandersetzung also von einem zuerst unüberwindbar scheinenden Problem zu der Aufgabe, gemeinsam eine Lösung zu finden. Ausschlaggebend ist hierbei, dass

---

4   Vgl. Haumersen, P./ Liebe, F.: Multikulti: Konflikte konstruktiv, S. 8.
5   Vgl. Wazlawick, P.: Die erfundene Wirklichkeit, S. 91 ff.

Menschen zwar unterschiedliche Interessen haben können, dass diese sich aber nicht zwingend ausschließen müssen.[6] Das Beispiel eines Streits um eine Orange macht diesen Ansatz deutlich. Beide Parteien möchten die Orange haben und beharren auf ihren Positionen. Nachdem aber die dahinter liegenden Interessen kommuniziert werden, zeigt sich, dass Einer die abgeriebene Schale für den Kuchen benötigt und der Andere das Fruchtfleisch, um Saft daraus zu machen. Beide Konfliktparteien können ihr Bedürfnis stillen und sind damit zufrieden. Falls die Konfliktparteien es nicht geschafft hätten, ihre zugrundeliegenden Interessen zu kommunizieren, hätten sie wahrscheinlich einen Kompromiss geschlossen. Dann hätte zum Beispiel jeder eine halbe Orange bekommen. In der Mediation geht es aber nicht darum Kompromisse einzugehen, sondern eine *Win-Win-Lösung* zu finden. Also eine Lösung, die den Großteil der Interessen aller Konfliktparteien befriedigt oder sogar alle abdeckt.[7]

## 2.3 Grundprinzipien

Eine der wichtigsten Grundvoraussetzungen eines Mediationsverfahrens ist die *Freiwilligkeit*. Die Ideologie des Ansatzes basiert darauf, dass alle Anwesenden aus freien Stücken an der Mediation teilnehmen. Dadurch zeigen die Teilnehmer auch die grundsätzliche Bereitschaft, eine gemeinsame, einvernehmlich Lösung finden zu wollen und dass sie auch zukünftig an einer guten Beziehung interessiert sind.[8]

Um den Konfliktparteien einen geschützten Raum für ihre Kommunikation zu bieten, sollte zwingend die *Vertraulichkeit* angesprochen werden. Der Mediator behandelt alle in dem Prozess genannten Informationen absolut vertraulich und auch die Teilnehmer sollten sich einigen, inwieweit andere Personen ins Vertrauen gezogen werden dürfen.[9]

Der Mediator, der über ein professionelles Konfliktverständnis verfügen sollte, sorgt zu Beginn der Sitzung für ein klares *Rollenverständnis*. Nachdem er seinen Aufgabenbereich klar abgesteckt hat, werden gemeinsam Regeln aufgestellt und festgehalten, an die sich alle am Prozess Beteiligten halten müssen. Diese Regeln dienen vor allem der Strukturierung des Gesprächs. So sollen die Konfliktparteien ihre Bedürfnisse in *Ich-Botschaften* formulieren und sich gegenseitig ausreden

---

6  Vgl. Haumersen, P./ Liebe, F.: Multikulti: Konflikte konstruktiv, S. 8 f.
7  Vgl. Mayer, C.-H./ Boness, C. M.: Interkulturelle Mediation und Konfliktbearbeitung, S. 33 f.
8  Vgl. ebd.
9  Vgl. ebd., S. 34 f.

lassen. Außerdem soll niemand verletzt werden, weder verbal, non-verbal, noch physisch.[10]

Das Prinzip der Mediation basiert nicht nur auf der Freiwilligkeit der Konfliktparteien, sondern auch auf dem Verständnis der *Eigenverantwortlichkeit*. Die Konfliktparteien besitzen selbst die größte Kompetenz, ihren Streit zu lösen, da sie ihren Konflikt auch am besten kennen. In eigener Verantwortung erarbeiten die Konfliktparteien eine für sie maßgeschneiderte Lösung. Der Mediator hat hierbei vor allem eine unterstützende und vermittelnde Funktion, keinesfalls aber eigene Entscheidungskompetenzen. Er ist lediglich verantwortlich für die Gestaltung des Prozesses. Wie verbindlich und zukunftsorientiert die Lösungen sind, entscheiden die Konfliktparteien. Der Mediator achtet darauf, dass sich die Konfliktparteien auch zu allen Detailfragen des zu lösenden Konflikts informieren (ggf. Rat eines Fachmanns einholen). Die in der Mediation vereinbarten Abmachungen können verschriftlicht werden, um ihre Verbindlichkeit zu unterstreichen.[11]

Eine wichtige Haltung, die den Mediator ausmacht, ist die *Allparteilichkeit*. Es ist für die Konfliktparteien sehr wichtig, dass der Mediator während des Verfahrens neutral bleibt, auch wenn es vorkommen kann dass eine Seite versucht, den Mediator auf die eigene Seite zu ziehen. Der Mediator sollte vermeiden, durch Übertragungen, Projektionen oder Identifikationen parteiisch zu werden. So können sich beide Seiten vom Mediator angenommen und verstanden fühlen.[12]

Die Mediation zeichnet sich insbesondere durch ihre *Ergebnisoffenheit* aus. Die Konfliktparteien können eine Mediation nicht beginnen und schon ein Endergebnis vorlegen. Auch der Mediator sollte frei in den Prozess gehen, ohne vorgefasste Ideen, wie ein Ergebnis aussehen sollte. Es geht ja gerade darum, dass die Konfliktparteien auf Basis der einzelnen/herauskristallisierten Bedürfnisse ihre individuelle Lösung erarbeiten.

## 2.4 Voraussetzungen

Bevor eine Mediation durchgeführt wird, stellt der Mediator ein paar Grundvorrausetzungen sicher. Neben der Bereitschaft und Freiwilligkeit der Parteien, sollen vor allem Aspekte wie psychische Krankheiten oder Suchtverhalten ausgeschlossen werden. Auch sollte es keine großen Machtunterschiede zwischen

---

10  Vgl. Mayer, C.-H./ Boness, C. M.: Interkulturelle Mediation und Konfliktbearbeitung, S. 34.
11  Vgl. ebd., S. 35.
12  Vgl. Duluabaum, N. L.: Mediation: Das ABC, S. 12 ff.

den Teilnehmenden eines Mediationsverfahren geben, sonst muss der Mediator durch Stärkung der Position des Schwächeren versuchen dies auszugleichen. Es soll auch deutlich gemacht werden, dass eine Mediation zu jedem Zeitpunkt abgebrochen werden kann. Das kann entweder einvernehmlich geschehen oder von einer der Parteien oder auch vom Mediator ausgehen, wenn sich z. B. der Konfliktgegenstand als unwesentlich oder doch zu belastend herausstellt, oder wenn sich das persönliche Mediationsziel einer der Seiten verändert hat. Es müssen keine Gründe genannt werden, um einen Abbruch zu rechtfertigen. Falls der Mediator aber über die Gründe Bescheid weiß, kann er auch eine Verlagerung auf die juristische oder therapeutische Ebene empfehlen. Wenn der Mediator eine Parteilichkeit für eine der Seiten entwickelt sollte die Mediation abgebrochen oder an einen Kollegen abgegeben werden. Der Abbruch sollte keinesfalls als Scheitern verstanden werden. Zum einen ist Mediation nicht immer das Mittel der Wahl und es sollte immer nach der Lösungsmethode gesucht werden, die dem Konflikt am Besten gerecht wird. In jedem Fall haben die Konfliktparteien durch die schon besuchten Sitzungen Kompetenzen erlangt, die ihnen auch für die Zukunft nützlich sein können.[13]

## 2.5 Rolle des Mediators

Mediatoren handeln allparteilich und sind frei von Kontextverantwortung. Mediationsprozesse können auch durch mehrere Personen durchgeführt werden. Dies ist dann sinnvoll, wenn es sich um einen komplexen Konflikt mit mehr als zwei Konfliktparteien handelt oder wenn längere Mediationssitzungen erforderlich sind. Ein gemischtgeschlechtliches Mediatorenteam ist besonders dann vorteilhaft, wenn bei den Konfliktbeteiligten ebenfalls beide Geschlechter vertreten sind. Der Mediator muss von allen Konfliktbeteiligten akzeptiert und respektiert werden, das Vertrauen der Streitparteien haben bzw. sich dieses erwerben und seine Kompetenz sollte nicht in Frage gestellt werden.[14]

Mit Interventionsmöglichkeiten wie professionelle Kommunikations- und Fragetechniken sowie der Strukturierung und Steuerung des Verfahrens können die verschiedenen Sichtweisen der Beteiligten zusammengeführt und Lösungen von ihnen entwickelt werden. Auch sollte der Mediator die Konfliktparteien um klare Stellungnahmen bitten. Falls dem Mediator oder einer der Konfliktparteien noch etwas unklar ist sollte niemand dem anderen etwas in den Mund legen oder

---

13  Vgl. Besemer, C.: Mediation, S. 20.
14  Vgl. Mayer, C.-H./ Boness, C. M.: Interkulturelle Mediation und Konfliktbearbeitung, S. 44.

interpretieren, sondern in Form offener Fragestellungen erneut zur Klärung anregen. Falls der Eindruck entsteht eine der Parteien kritisiere das Verfahren, kann der Mediator mit dieser Situation offen umgehen und nach den konkreten Wünschen der Beteiligten fragen. Manchmal schweigen Parteien oder zeigen eine ablehnende Körperhaltung. Diese Personen sollten dann aktiv mit einbezogen werden. Wenn Fragen nach Recht und Unrecht gestellt werden ist es ratsam auf die unterschiedliche Wahrnehmung von Individuen zu verweisen. Bei einer Mediation geht es nicht um die Bewertung von vergangenem Verhalten sondern um die Planung, wie man zukünftig miteinander umgehen kann. Denn oft beginnt in der Beschreibung dessen, was den Streit ausgelöst hat, die nächste Diskussion, da jeder die Situation anders wahrgenommen hat. Der Ansatz der Mediation ist deshalb ganz klar lösungsorientiert und nicht problemkonzentriert. Die Schuldzuweisung ist nicht Gegenstand und Zweck eines Mediationsverfahrens. Beharrt eine der Parteien dennoch auf die Schuldfrage, sollte auf die Möglichkeit der gerichtlichen Auseinandersetzung verwiesen werden. Besteht der Verdacht dass eine der Seiten absichtlich die Unwahrheit erzählt muss eine Klärung der Fakten herbeigeführt werden.[15]

Emotionen sind in einer Mediationssitzung durchaus zugelassen, stehen aber nicht im Mittelpunkt des Verfahrens wie das zum Beispiel bei einer therapeutischen Behandlung der Fall ist. Manchmal können sie dem Prozess zwar im Weg stehen, dürfen aber dennoch nicht unterdrückt werden. Eine empathische Grundhaltung und ein sensibler Umgang mit der Situation unterstützt den Mediator bei der Entscheidung, wie viel Raum den Gefühlen gegeben werden kann. Hierbei sollten die Bedürfnisse aller Beteiligten im Auge behalten werden.[16]

Zusammenfassend lässt sich sagen, dass erfahrene und kompetente Mediatoren über eine hohe Kommunikations- und Wahrnehmungsfähigkeit, ein klares, verbindliches Rollenverständnis, analytische Fähigkeiten, Reflexionsvermögen, Selbstdisziplin und Einfühlungsvermögen verfügen. Aus dem Aufgabenbereich und der intensiven Beschäftigung mit Konfliktlösung kann eine gewisse Grundhaltung und Einstellung abgeleitet werden. Aspekte des ethischen Selbstverständnisses sind zum Beispiel ein positives und optimistisches Menschenbild. Der Mediator sollte den Prozess mit Zeit und Geduld und einer möglichst neutralen Sprache begleiten. Da er die Parteien auch in ihrer Unterschiedlichkeit würdigen

15  Vgl. Besemer, C.: Mediation, S. 34 ff.
16  Vgl. ebd., S. 89 f.

sollte, ist es wichtig, dass er nicht versucht zu werten oder zu bewerten, zu urteilen oder zu beurteilen.[17]

## 2.6 Techniken

Wenn jemand etwas über die eigene Meinung oder die eigenen Gefühle mitteilen will, so sollte er dabei *Ich-Botschaften* formulieren. Verallgemeinerungen wie man oder wir verschleiern die eigenen Ansichten, da sie andere ungefragt mit einbeziehen. Wichtig ist hierbei, dass alle Gefühle ihre Berechtigung haben, sie sind da und müssen ernst genommen werden. Gleichzeitig übernehmen die Personen dadurch Verantwortung für ihr eigenes Handeln und verstecken sich nicht mehr hinter Generalisierungen und abstrakten Äußerungen. Das Gegenüber muss sich nun auch nicht mehr verletzt fühlen, da Ich-Botschaften weniger kritisierend sind als Du-Botschaften.[18]

*Spiegeln* oder *Paraphrasieren* bedeutet, mit den eigenen Worten kurz wiederzugeben, was der jeweilige Gesprächspartner gesagt hat. Das Spiegeln ist das wichtigste Mittel, um dem Gegenüber deutlich zu machen, dass man intensiv zuhört, und um zu überprüfen, ob man wirklich alles richtig verstanden hat. Missverständnisse können dadurch weitgehend vermieden werden.[19]

Durch *Aktives Zuhören* versucht man zu verstehen, was die andere Person fühlt oder zum Ausdruck bringen möchte. Beim aktiven Zuhören sollen über das reine Spiegeln hinaus auch die versteckten Gefühle hinter den Fakten entschlüsselt und mitgeteilt werden. Wenn sich die Konfliktparteien verstanden und akzeptiert fühlen, erhöht das ihre Bereitschaft auch den anderen Positionen Verständnis entgegenzubringen, da sie nicht die ganze Zeit befürchten müssen, ihre eigenen Interessen und Bedürfnisse gehen unter. Dennoch bedeutet aktives Zuhören nicht, dass der Mediator die Gefühle teilt, er sollte keinesfalls Bewertungen hineinbringen.[20]

Beim *Reframing* werden feindselige Aussagen umformuliert, da sie dazu führen können, dass sich die Angesprochenen verteidigen wollen bzw. zum Gegenangriff übergehen. Durch die Umgestaltung verletzender oder provozierender Aussagen in neutralere, annehmbarere Sätze kann der Mediator helfen, den eigentlichen

---

17  Vgl. Mayer, C.-H./ Boness, C. M.: Interkulturelle Mediation und Konfliktbearbeitung, S. 46 f.
18  Vgl. ebd., S. 42.
19  Vgl. ebd., S. 41.
20  Vgl. Duluabaum, N. L.: Mediation: Das ABC, S. 153

Kern der Botschaft auszudrücken. Dem liegt die Annahme zugrunde, dass hinter jeder verletzenden Aussage ein positiver Kern steckt, welchen der Mediator hilft, freizulegen.[21]

Das *Doppeln* kann angewendet werden, wenn der Mediator das Gefühl bekommt, dass die Konfliktbeteiligten aneinander vorbei reden oder eine der beiden Seiten nicht das ausdrücken kann, was er eigentlich ausdrücken möchte. Zunächst erkundigt sich der Vermittler, ob er die Person doppeln darf. Wenn beide Seiten mit der dem Vorschlag einverstanden sind begibt sich der Mediator neben die zu doppelnde Person. Hierbei übernimmt er quasi die Rolle der Konfliktpartei und kann dabei auf die aufgeführten Kommunikationstechniken zurückgreifen. Nach Beendigung wird mit der gedoppelten Person Rücksprache über das Zutreffen des Gesagten gehalten. Natürlich kann sie nun auch korrigieren, ergänzen oder neu formulieren. Im Unterschied zum aktiven Zuhören wird hierbei die Ich-Sprache statt der Du-Sprache verwendet.[22]

Wenn während der Gespräche keinerlei Flexibilität oder die Bereitschaft für Zugeständnisse gezeigt wird, könnten getrennte *Einzelgespräche* angeboten werden. Die ständige Verletzung der Grundregeln oder das Ausspielen von Macht sind für den Prozess eher hinderlich und evtl. können die Einzelgespräche zu einer Klärung der Interessen führen um danach wieder zusammenkommen zu können.[23]

Innerhalb der Mediation nimmt die *Gewaltfreie Kommunikation* (GFK) einen bedeutenden Platz ein. Einfühlsames Zuhören und klares Sprechen unter Nennung der eigenen Beobachtungen, Gefühle und Bedürfnisse tragen wesentlich zur Entschärfung des Gesprächsklimas bei. Dank ihrer Ausprägung und Verbreitung durch Marshall B. Rosenberg gewinnt diese Art zu kommunizieren zunehmend an Relevanz im Bereich der konstruktiven Konfliktbearbeitung und Mediation.

Der Gewaltfreien Kommunikation liegen gewisse Annahmen zugrunde. Wenn die Bedürfnisse einer Person dauerhaft nicht erfüllt werden, wird diese krank. Es ist also ganz normal, dass alle Menschen sich bemühen, ihre Bedürfnisse erfüllt zu bekommen. Jeder Mensch hat erstaunliche Fähigkeiten, die durch einen herzlichen Kontakt und Austausch erfahrbar werden können. Menschen leben in guten

---

21  Vgl. Mayer, C.-H./ Boness, C. M.: Interkulturelle Mediation und Konfliktbearbeitung, S. 41.
22  Vgl. ebd., S. 42 f.
23  Vgl. Dulabaum, N. L.: Mediation: Das ABC, S. 168.

Beziehungen, wenn sie sich gegenseitig bei der Erfüllung ihrer Bedürfnisse unterstützen. Da Menschen generell soziale Wesen mit wertschätzender Verbindung und Mitgefühl sind, sind sie gern freiwillig bereit, das Leben anderer zu bereichern (Zugehörigkeit). Hinter jedem aggressiven Verhalten steckt ein unerfülltes Bedürfnis. Hierbei ist wichtig zu betonen, dass es keine *negativen* Bedürfnisse gibt. Alle unsere Handlungen haben also das Ziel, eines oder mehrere Bedürfnisse zu befriedigen. Das aggressive Verhalten eines Anderen hat nichts mit mir zu Tun und bedeutet nicht, dass etwas mit mir nicht richtig sei. Es weist lediglich auf unerfüllte Bedürfnisse hin und kann entsprechend übersetzt werden. Dieser Grundgedanke entspricht dem konstruktiven Konfliktverständnis, welcher die Möglichkeit zur Verbesserung impliziert.[24]

Genauso wie der Mediationsprozess an sich, unterstützt die Ideologie der Gewaltfreien Kommunikation, die Verantwortung für sich selbst und sein Handeln zu übernehmen und fördert somit die Autonomie der Individuen. Im Umkehrschluss bedeutet dies auch dass die Verantwortung für fremdes Handeln beim anderen gelassen wird. Auf diesen Grundannahmen basierend, entwickelt der Psychologe und Konfliktmediator Rosenberg, vier Schritte:

1. **Beobachtung**, ohne Interpretation / Bewertung = Auslöser als Fakten *Wenn ich höre…*
   Wichtig: Beobachtung ohne Bewertung.
2. **Gefühl** ohne Verursacher außerhalb von mir … *dann fühle ich mich …*
   Wichtig: Zwischen Gefühlen und Interpretation unterscheiden.
3. **Bedürfnis** *weil ich brauche …* oder *weil ich das Bedürfnis nach … habe.*
   Wichtig: Zwischen Wunsch und Bedürfnis unterscheiden.
4. **Bitte** *Deshalb bitte ich mich / dich ….* oder *Deshalb möchte ich gerne, dass …*
   Wichtig: Zwischen Bitte und Forderung unterscheiden.

Neben der Perspektive des Sprechers, gibt es natürlich auch noch die Perspektive des Zuhörers, welcher anhand der gleichen Schritte gewaltfrei kommunizieren kann.[25]

---

24 Vgl. Rosenberg, M. B.: Das Herz gesellschaftlicher Veränderung, S. 4 ff.
25 Vgl. ebd., S. 21 f.

## 2.7 Der Mediationsprozess

*Tabelle 1. Phasen des Mediationsverfahrens*[26]

| |
|---|
| **1. Vorphase** |
| (Kontaktaufnahme, Motivierung, Vorbereitung, Konfliktberatung) |
| **2. Das Mediationsgespräch** |
|   – **Einleitung** |
|     (Atmosphäre, Vorstellung, aktueller Kenntnisstand, Bestätigung bzw. Korrektur von Informationen, Erwartungen, Erklärung des Mediationsverfahrens, offene Fragen, Bereitschaft bzw. Widerstände, Geschäftliches u. Organisatorisches, Themensammlung u. Tagesordnung) |
|   – **Sichtweise der einzelnen Konfliktparteien** |
|     (einzelne Sichtweise, Rückmeldung, Gemeinsamkeiten u. Differenzen) |
|   – **Konflikterhellung: Verborgene Gefühle, Interessen, Hintergründe** |
|     (Befragung) |
|   – **Problemlösung: Sammeln und Entwickeln von Lösungsmöglichkeiten** |
|     (Lösungsmöglichkeiten sammeln, Bewertung und Auswahl, Ausarbeitung) |
|   – **Übereinkunft** |
|     (Einigung formulieren, Umsetzung u. Umgang mit künftigen Problemen, Unterzeichnung u. Abschluss) |
| **3. Umsetzungsphase** |

### 2.7.1 Vorphase

Günstigste Voraussetzung für eine Mediation ist, wenn die Konfliktparteien gemeinsam den Wunsch nach einer Mediation äußern und entsprechende Schritte einleiten. In den meisten Fällen jedoch ergreift nur eine Seite die Initiative. Der Mediator nimmt dann Kontakt zu den weiteren Konfliktbeteiligten auf und versucht, sie zu einer Teilnahme am Mediationsgespräch zu bewegen. In dieser Phase werden die Vorgehensweise im Prozess an sich erläutert und offene Fragen geklärt. Außerdem kann sich der Mediator schon einen ersten Eindruck vom Konflikt machen.[27]

### 2.7.2 Das Mediationsgespräch

Die Mediationsphase besteht aus verschiedenen Schritten. An die Reihenfolge der einzelnen Schritte, muss sich nicht strikt gehalten werden. Allerdings bauen die Sequenzen aufeinander auf, weshalb es sinnvoll ist, sie ein einzuhalten.

---

26  Vgl. Besemer, C.: Mediation, S. 15.
27  Vgl. ebd., S. 61 ff.

Der Mediator sorgt für eine wohltuende, offene und vertrauensfördernde Atmosphäre, dabei empfiehlt es sich, einen neutralen Ort zu wählen.. Es ist davon abzuraten die Mediation bei einer der Konfliktparteien zu Hause abzuhalten, da dies schon durch das Setting zu einem Machtgefälle führen kann. Auch die Sitzordnung sollte eine gleichwertige Kommunikation untereinander ermöglichen. In der *Einleitung* wiederholt der Mediator den bisherigen Informationsstand und räumt hierbei die Möglichkeit zur Korrektur ein. Anschließend werden die Gesprächsteilnehmer über den genauen Verlauf des Mediationsgespräches aufgeklärt, hierbei wird die Rolle des Mediators deutlich beschrieben und erläutert, in welcher Form er womöglich in das Gespräch eingreifen wird. Gemeinsam mit den Konfliktparteien werden Grundregeln (gegenseitiges Ausreden lassen, respektvoller Umgang miteinander, keine Anwendung von Handgreiflichkeiten) festgelegt, die z. B. auf einer Flipchart schriftlich festgehalten und sichtbar aufgehängt. Schließlich werden alle Beteiligten nach ihrer Bereitschaft gefragt, sich auf die Regeln und das Verfahren einzulassen und gegebenenfalls werden letzte Bedenken und Widerstände angesprochen. Auch sollte noch auf Geschäftliches und Organisatorisches eingegangen werden, bevor dann eine Themensammlung und eine Tagesordnung erstellt und an der Flipchart visualisiert wird.[28]

In der *Konfliktdarstellungsphase* hat jede Seite die Gelegenheit den Konflikt aus der eigenen Sicht darzustellen. Der Mediator hört aktiv zu, stellt gegebenenfalls Verständnisfragen und fasst das Gehörte zusammen. Diese Phase wird abgeschlossen, indem der Mediator alle Gemeinsamkeiten der Konfliktparteien zusammenfasst, über welche sich diese nicht immer bewusst sind. Auch die Streitpunkte werden gesammelt und aufgelistet.[29]

Der nächste Schritt dient der *Konflikterhellung*, und ist vor allem durch die Konzentration auf die Gefühle und Bedürfnisse geprägt. Diese Phase dient der Selbsterklärung und dem tieferen Verständnis des Konfliktes, sowie seiner Lösungsmöglichkeiten. Der Mediator unterstützt den Prozess durch seine Hilfstechniken, der Ansatz der Gewaltfreien Kommunikation ist besonders in dieser Phase hilfreich. Die Konfliktparteien sollten hier zum Ausdruck bringen können, was sie sich wünschen und wie ihre Idealvorstellungen von einer Konfliktlösung aussehen würden. Die Kommunikationsrichtung wird zunehmend auf den Kontakt der Konfliktparteien untereinander verlagert und sie beginnen sich gegenseitig aktiv zuzuhören und direkt miteinander zu kommunizieren.[30]

---

28  Vgl. Besemer, C.: Mediation, S. 65 ff.
29  Vgl. ebd., S. 72 ff.
30  Vgl. ebd., S. 74.

Wenn alle Problempunkte angesprochen wurden, kann der Prozess in die *Lösungsphase* übergeleitet werden. Die Konfliktparteien haben durch die vorhergehenden Phasen Verantwortung für ihr eigenes Handeln übernommen, was eine gute Grundlage für den Schritt der Lösungsfindung ist. Diese Phase zeichnet sich durch ihren ergebnisorientierten und zielgerichteten Charakter aus. Es werden kreative Ideen gesammelt, wie eine Lösung aussehen könnte. Alle Vorschläge werden dann sortiert, bewertet und nach ihrer Realisierbarkeit überprüft. Für die engere Auswahl sollten verschiedene Aspekte berücksichtigt werden. So sollte aus der handlungsorientierten Vereinbarung genau hervorgehen, wer zu welchen Punkten zugestimmt hat. Insgesamt sollte so spezifisch wie möglich vorgegangen werden und die Konfliktparteien sollten die Inhalte voll und ganz umsetzen können. Dabei müssen natürlich alle Hindernisse der Umsetzung ausreichend bedacht werden.[31]

Nach der Lösungsphase geht es darum, die Übereinkunft in Form einer *Vereinbarung* mit den Konfliktparteien aufzusetzen. Um auch ihre konkrete Umsetzung zu gewährleisten, sollte die Umsetzungsphase mit dem Bilanzgespräch genau terminiert werden. Das Ganze wird schriftlich festgehalten und von den Beteiligten unterschrieben. Zum Abschluss gratuliert der Mediator den Teilnehmern zu ihrer Konfliktlösung und wünscht ihnen für die Umsetzung alles Gute.

### 2.7.3 Umsetzungsphase

Die Konfliktparteien werden in der *Umsetzungsphase* versuchen, das Vereinbarte im Alltag umzusetzen. Nach einer gewissen Zeit führt der Mediator mit den beiden Seiten ein Bilanzgespräch, in welchem geklärt wird, ob die Übereinkunft die Probleme tatsächlich gelöst hat. Falls nötig müssen Korrekturen gemacht oder ganz neu verhandelt werden.

## 2.8 Anwendungsbereich

Mediation kann in persönlichen Streitsituationen und bei Gruppenkonflikten zum Einsatz kommen. Auf politischer Ebene kann Mediation sowohl im lokalen und im regionalen Bereich als auch im internationalen Rahmen zur Wirkung kommen. Ein typisches Anwendungsfeld für Mediation sind Ehekonflikte und Scheidungsfälle, aber auch Nachbarschaftsstreitigkeiten und Mietkonflikte.[32] Das gilt

---

31 Vgl. Besemer, C.: Mediation, S. 75 ff.
32 Vgl. ebd., S. 21.

verstärkt für multikulturell geprägte Stadtteile, hierbei kann auf die Qualitäten der interkulturellen Mediation zurückgegriffen werden. Vor allem bei Konflikten der wirtschaftlichen, meist internationalen Zusammenarbeit, wird immer häufiger auf interkulturelle Mediation zurückgegriffen. Dabei können interne oder externe MediatorInnen beauftragt werden. Zu den genannten typischen Anwendungsfeldern kommen ständig neue hinzu. Besonders aktuell ist hierbei die Streitschlichtung zwischen Lernenden und Lehrenden, aber auch zwischen den Lernenden oder den Lehrenden untereinander (Schule und Universität). Hierbei wird der Ansatz der Peer-Mediation, verstärkt genutzt, welcher Schüler mit dem Ziel ausbildet, die Konflikte zwischen anderen Mitschülern selber lösen zu können.[33]

## 2.9 Kulturelle Ausprägungen von Mediationsverfahren

Konfliktmediation ist in den meisten Ländern ein junges, im Interessenwachstum befindliches Verfahren. In vielen Darstellungen wird der historische Ursprung der Mediation in den fünfziger und sechziger Jahren des Zwanzigsten Jahrhunderts in den USA gesehen. Doch ist das Eingreifen einer Dritten Person oder Macht in einen Konflikt wohl die älteste Form der Konfliktlösung, z. B. bei einem Streit zwischen Geschwistern wenn als vermittelnde dritte Partei ein weiteres Familienmitglied eingreift. Aber auch institutionalisierte Verfahren zur Streitschlichtung finden sich in vielen Kulturen. Oftmals gibt es strukturelle Ähnlichkeiten mit der amerikanischen Variante, doch nehmen diese meist gar nicht für sich in Anspruch, deren Ideale zu erfüllen. Z. B. liegt die langjährige Tradition der chinesischen Mediation in dem Harmoniestreben, welches durch die konfuzianische Philosophie geprägt war. Dennoch gibt es einige Forschungen, die nach einer Kopie des US-amerikanischen Beispiels suchen, wenn sie Mediation in anderen Ländern erforschen. Mehr noch, durch den Vergleich der unterschiedlichen Ansätze wird oftmals auf *Mängel* des Verfahrens aufmerksam gemacht, meist zum Zweck der Legitimation des eigenen Ansatzes.[34] *„Solange keine Anzeichen einer gemeinsamen diskursiven Verwurzelung zu finden sind kann statt dessen lediglich nach Gemeinsamkeiten zweier Verfahren aus unterschiedlichen Kulturen begründet gesucht werden."*[35] Denn wenn davon ausgegangen wird, dass sich diese Form der

---

33  Vgl. Mayer, C.-H./ Boness, C. M.: Interkulturelle Mediation und Konfliktbearbeitung, S. 36 f.
34  Vgl. Busch, D.: Der Einfluss situativer Missverständnisse in interkulturellen Kontaktsituationen, S. 160 f.
35  Ebd., S. 161.

gewaltfreien Konfliktlösung in vielen Ländern parallel entwickelt hat, ist es natürlich, dort auch unterschiedliche Ausprägungen vorzufinden. Diese könnten auch dazu beitragen, die in der westlichen Mediation angewandten Techniken zu verbessern und auszuweiten. Eventuell kommt man aber auch zu dem Ergebnis, dass Mediation doch eher die westlichen Wertvorstellungen verkörpert. Weitergehend ist der Blick auf die Korrelation von Gesellschaft und Mediation interessant, um herauszufinden, inwieweit sich diese gegenseitig beeinflussen. In der Studie von James A. Wall, wird die chinesische Ausprägung anhand der Stadtteilmediation erforscht. Nach Wall fühlen sich die chinesischen Mediatoren keinesfalls den westlichen Idealen des Mediationsverfahrens verpflichtet. So übernehmen sie innerhalb der Konfliktbearbeitung gezielt Stellung und entscheiden hierbei auch über Recht und Unrecht der Konfliktparteien. Weitere Unterschiede finden sich z. B. beim Verteilen von Komplimenten und in der Form der affektiven Überredung. Erklärungsansätze Walls sind hierbei, dass ein Verstehen auf emotionaler Ebene angestrebt wird, welches sich an gesellschaftlichen Normen und Werten orientiert. Außerdem werden noch weitere Personen aus dem Umfeld, wie etwa Bekannte und Freunde, aber z. B. auch Polizisten, mit in den Prozess geholt, um sich für eine Einigung einzusetzen. Wall erklärt sich die höhere Bereitschaft dieser dritten Personen, den Mediationsprozess auch tatsächlich aktiv mit zu gestalten, mit dem unterschiedlichen politischen System. Das Engagement der Außenstehenden sei womöglich in kollektivistischen Gesellschaften höher, als in individualistischen Gesellschaften, wo es mehr um die persönlichen Bedürfnisse geht. Auch dadurch dass die kollektivistische Gesellschaftsform mehr Wert auf die kollektiven Normen legen, sei es nicht verwunderlich, auch auf dieser Ebene zu argumentieren und auf die emotionale Ebene zu appellieren.[36]

Im Artikel von Wall werden die individualistische und die kollektivistische Gesellschaft erwähnt weshalb hier kurz auf diese Konzepte eingegangen wird. Der niederländische Kulturwissenschaftler Geert Hofstede unterscheidet in seinen Arbeiten verschiedene Dimensionen mit denen er Kulturen unterscheidet. Da für diese Studie vor allem die Dimension Individualismus/Kollektivismus interessant ist, soll diese näher erläutert werden.

## 2.10 Individualismus versus Kollektivismus

Grundsätzlich können auf dieser Dimension Kulturen, in denen die Interessen und Bedürfnisse des Individuums einen sehr hohen Stellenwert haben, von solchen, in denen das Wohl der Gemeinschaft im Vordergrund steht, unterschieden werden.

---

36  Vgl. Wall, J. A: Mediation in the People's Republic of China, S. 114 f.

In individualistischen Kulturen unterstützen Normen eher die Unabhängigkeit des Individuums, soziale und ökonomische Institutionen belohnen persönliche Leistungen und rechtliche Institutionen schützen die Rechte des Individuums. Soziale Zusammenhänge sind somit eher lose, da das *Ich* dem *Wir* vorausgeht. In kollektivistischen Kulturen hingegen unterstützen die Normen eher die gegenseitige Abhängigkeit (Interdependenz) der Menschen, indem soziale Verpflichtungen betont werden. Sie sind von Geburt an in eine sie schützende Gruppe integriert, diese erhält im Gegenzug Loyalität und Gehorsam. Soziale und ökonomische Institutionen belohnen daher auch eher Gruppen von Menschen als Einzelpersonen und das kollektive Interesse steht klar über dem Einzelinteresse.[37]

## 2.11 Interdependenz von Mediation und gesellschaftlichem Wandel

Auf die Interdependenz von Mediation und gesellschaftlichem Wandel geht Prof. Dr. Dominic Busch in seiner Dissertation[38] näher ein. Er nennt zum einen die Verfechter der *transformative mediation*, welche langfristig eine kooperative Konfliktbearbeitungskultur in der gesamten Gesellschaft anstreben und sich davon Auswirkungen von Mediation auf die Gesellschaft erhoffen. Zum anderen finden sich nach Busch in der Fachliteratur aber auch viele Hinweise darauf dass die Methoden der Mediation und ihre Ideale wiederum dem gesellschaftlichen Wandel ausgesetzt sind. Für diese Annahme sprechen mehrere Gründe. Seit der Wiederentdeckung der Mediation in den USA in den der 60er Jahren hat diese sich stetig verändert. Es scheint fast, dass die sozialen Bedürfnisse der damaligen Gesellschaft für ihre Gestaltung maßgeblich waren. So verstärkt sich in den 80er Jahren die Kritik, dass die erklärten Ideale von der Mediation nicht eingehalten würden. Dies könnte auch mit einem Transformationsprozess zu erklären sein, in welchem sich die gesellschaftlichen Bedürfnisse an die Mediation und ihren Handlungsspielraum verändert haben. So kann in ihrer Entwicklung zum Beispiel auch eine Verlagerung der Prioritäten verzeichnet werden, in der die Allparteilichkeit des Mediators einen höheren Stellenwert erhält, als die Effizienz des Prozesses insgesamt. Des Weiteren fällt die Kritik an den Praktiken mit der Entstehung des (neuen) Forschungsbereiches der interkulturellen Kommunikation zusammen. Durch das erhöhte Aufkommen einer multikulturell geprägten

---

37  Vgl. Mayer, C.-H./ Boness, C. M.: Interkulturelle Mediation und Konfliktbearbeitung, S. 83.
38  *Der Einfluss situativer Missverständnisse in interkulturellen Kontaktsituationen.*

Gesellschaft, steigt das Bedürfnis nach mehr Förderung der interkulturellen Verständigung. Dies würde bedeuten, dass die Form der Mediation eine Spiegelung der Bedürfnisse einer bestimmten Gesellschaft in einer bestimmten zeitlichen Epoche sein kann.[39]

## 2.12 Mediation wird Gesetz – Die aktuelle Debatte

Auch in Deutschland verändern sich die gesellschaftlichen Bedürfnisse an das Verfahren der Mediation. In der aktuellen Debatte wird die Notwendigkeit einer gesetzlichen Grundlage für die Tätigkeit als Mediator behandelt. Nach längerer Vorbereitung zeichnet sich jetzt auf Bundesebene ein Mediationsgesetz ab, die 1. Vorsitzende des *Bundesverband Mediation* Jutta Hohmann begrüßt diese Entwicklung.

*„Mit dem 15. Dezember 2011 beginnt eine neue Ära für das Berufsfeld der Mediation. Der Bundestag hat einstimmig einen Gesetzentwurf der Bundesregierung verabschiedet zur Förderung der Mediation und anderer außergerichtlicher Verfahren der Konfliktbeilegung."*[40]

Der Entwurf zum Mediationsgesetz wird am 10. Februar 2012 im Bundesrat behandelt. Durch die politischen Rahmenbedingungen soll vor allem eine Qualitätssicherung und weitere Verankerung der Mediation in der Gesellschaft erreicht werden. Viele Mediatoren werden sicherlich das Zeugnisverweigerungsrecht begrüßen, welches die Vollstreckbarkeit von Vereinbarungen erleichtert. Außerdem soll sich künftig das Bundesjustizministerium darum kümmern, die Bestimmungen über Aus- und Fortbildungen zum zertifizierten Mediator zu regeln. Innerhalb von fünf Jahren ist die Bundesregierung verpflichtet über die Erfahrungen mit dem Gesetz zu berichten.

Angestoßen wurde das Mediationsgesetz durch die Bestrebungen auf EU-Ebene gesetzliche Rahmen für Mediation zu schaffen. Seit 2002 das *Grünbuch über alternative Verfahren zur Streitbeilegung im Zivil- und Handelsrecht* von der Generaldirektion Justiz und Inneres der EU-Kommision veröffentlicht wurde, ist viel passiert. Damals wurde die aktuelle Situation der Mitgliedsländer erfasst

---

39  Vgl. Busch, D.: Der Einfluss situativer Missverständnisse in interkulturellen Kontaktsituationen, S. 162 ff.

40  Hohmann, Jutta: Erklärung zur Verabschiedung zum Gesetz zur Förderung der Mediation, http://www.bmev.de/fileadmin/downloads/newsletter/bm-nachrichten_2011-12.pdf, S. 2, Stand: 16.2.2012.

und Anstöße zur Weiterentwicklung geliefert. Seit Mai 2008 gibt es die EU-Mediationsrichtlinien, dessen unabdingbares Element der *Code of Conduct* ist, der einen Verhaltenskodex für Mediatoren darstellt. Vorreiter der EU-Mitgliedsstaaten in der Gesetzesgebung ist Österreich, wo schon 2004 das Zivilrechtsmediationsgesetz in Kraft getreten ist.

# 3 Forschungskontext Kuba

## 3.1 Eckdaten

Der karibische Inselstaat Kuba ist lang, schmal und grenzt im Norden an den Golf von Mexiko bzw. an den Atlantischen Ozean, im Süden an das Karibische Meer. Seine Klimazonen reichen von wüstenähnlicher Trockenheit zu tropischen Regenwäldern, wodurch er eine hohe biologische Vielfalt intakten Ökosystemen aufweist. Es gibt zwei Jahreszeiten, die Trockenzeit von November bis April und die Regenzeit von Mai bis Oktober welche auch die Hurrikan-gefährdete Zeit darstellt.

Von 11 Millionen Einwohnern leben 76% in städtischen Gebieten und über zwei Millionen in der Hauptstadt Havanna.[41] Die Bevölkerung ist mit 65% Weißen, 10% Schwarzen, 25% Mestizen sehr heterogen.[42] Das indigene Volk der *Taíno*, welches vor der spanischen Kolonialisierung die Insel bewohnt hat, ist ausgestorben. Die Amtssprache Kubas ist Spanisch.[43]

## 3.2 Geschichte

Nach der Entdeckung Kubas durch Columbus 1492 gerät die Insel unter Kontrolle der Spanier, welche die Insel vor allem für den Zuckerrohranbau nutzen. Nachdem die indigenen Völker innerhalb weniger Jahrzehnte durch Gewalt und Krankheit ausgestorben sind, kaufen sich die vorwiegend spanischen Zuckerbarone zehntausende Sklaven, welche vor allem aus Westafrika auf die Insel geschifft werden. 1868 beginnen die ersten Unabhängigkeitskämpfe gegen die Kolonialmacht, die von Großgrundbesitzern des Ostens organisiert werden. Diese Kämpfe dauern, mit mehreren Unterbrechungen, bis zum Abzug der Spanier 1898 an. Im Laufe der Zeit stellt die Freiheitsbewegung auch die Forderungen nach sozialer Gerechtigkeit und Abschaffung der Sklaverei auf. Seit 1895 kämpfte die kubanische Befreiungsarmee ein weiteres Mal erbittert um ihre Unabhängigkeit und es zeichnet sich ab, dass sie nicht aufgibt, bevor sie nicht siegt.

---

41  Vgl. http://www.cubadiplomatica.cu/alemania/ES/ConozcaCuba/InformaciónGeneral. aspx, Stand: 10.2.2012.

42  Vgl. http://www.cubagob.cu/otras_info/censo/tablas_html/ii_3.htm, Stand: 10.2.2012.

43  Vgl. http://www.cubadiplomatica.cu/alemania/ES/ConozcaCuba/InformaciónGeneral. aspx, Stand: 10.2.2012.

*„Als die Spanier Truppenverstärkungen aus dem Mutterland heranschafften, um den Freiheitsdrang der Kubaner im Blut zu ersticken, schrie die amerikanische Öffentlichkeit „Foul!" und stellte sich spontan auf die Seite der Rebellen. Sie gab damit der Washingtoner Regierung das Signal für eine außenpolitische Aktion, bei der sich wirtschaftliche Interessen mit dem Kampf für humanitäre Ziele in idealer Weise verbinden ließen."*[44]

Nach David Ben-Gurions Einschätzung haben *„US-Soldaten [...] bei der Geburt des unabhängigen kubanischen Staates Hebammendienste geleistet."*[45] Somit löst in Kuba eine Okkupation die andere ab, auch wenn sich diese als helfende tarnt. Denn obwohl 1902 die formale Unabhängigkeit der Staatsrepublik unterzeichnet wird, behält sich die USA das Recht vor, jederzeit zu intervenieren, wenn US-amerikanische Interessen beeinträchtigt werden. Dadurch wird Kuba zur Spielwiese[46] der USA was die Souveränität Kubas noch bis 1934 einschränkte. Und auch nach Abschaffung des Interventionsrechtes übt sie noch starken Einfluss auf die politischen Geschehnisse der Insel aus. Eine der wichtigen und eng mit den USA zusammenarbeitenden Personen ist hierbei Fulgencio Batista, der von 1940–44 als gewählter Staatspräsident amtiert. Als Batista im Vorfeld der Wahlen 1952 befürchtet diese nicht zu gewinnen verhilft er sich durch einen Militärputsch an die Macht.[47]

Der junge, aus der Oberschicht stammende, Rechtsanwalt Fidel Castro Ruz klagt vor dem Obersten Gericht gegen die aus seiner Sicht korrupte und verfassungswidrig handelnde Regierung. Allerdings wird seine Klage abgewiesen. Castro leitet daraus das verfassungsmäßige Recht ab, Widerstand gegen die Diktatur zu leisten und auch bewaffnetes Vorgehen sieht er juristisch gerechtfertigt. Am 26. Juli 1953 greift er, mit seinen rund 160 Mitstreitern die Moncada-Kaserne in Santiago de Cuba an. Obwohl der Angriff scheitert und Castro auf die westlich von Kuba liegende Insel *Isla de Pinos* ins Exil geschickt wird ist dieser Tag bis heute ein Nationalfeiertag. Aufgrund seines Schwagers, der mittlerweile stellvertretender Innenminister war, kann Fidel weiterhin Kontakt mit

---

44  Ben-Gurion, D.: http://www.spiegel.de/spiegel/print/d-42624312.html, Stand: 10.2.2012.
45  Ebd.
46  Viele Amerikaner machen Urlaub auf der karibischen Insel, später findet vor allem die Kasino-Landschaft und Spaßgesellschaft Einkehr auf der exotischen Zuckerrohrinsel. Alkohol, Drogen und Prostitution, deren Konsum zu der Zeit in den USA verboten sind, versüßen den Touristen ihren Urlaub. (Vgl. Wehrli, A.: ¡Viva la creatividad!, S. 64).
47  Vgl. http://www.historicaltextarchive.com/sections.php?action=read&artid=683, Stand: 10.2.2012.

seinen politischen Freunden halten, 1955 kommt er im Zuge einer Generalamnestie frei.[48]

Castro verlässt die Orthodoxe Partei, der er 1947 beigetreten war, und gründet mit Verbündeten die *Bewegung des 26. Juli*. In Mexiko bereitet sich die Gruppe darauf vor, Batista im bewaffneten Kampf zu stürzen. In dieser Zeit lernt Fidel den argentinischen Arzt Ernesto *Che*[49] Guevara kennen, der sich seiner Bewegung anschließt. 1956 brechen ca. 80 Mann auf der überfüllten Yacht *Granma* in Richtung Kubas auf. Zwei Jahre lang kämpfen die Guerilleros im Dschungel der Sierra Maestra gegen die zahlenmäßig weit überlegene Armee Batistas. Durch strategisches Geschick gelingt es ihnen, immer mehr Kämpfe zu gewinnen, und dadurch sowohl die Anzahl der Waffen als auch der Mitstreiter zu erhöhen. Dabei spielt geschickte Publicity eine große Rolle im Kampf um die Freiheit. So spricht sich unter den Leuten Batistas, die zumeist kubanische Berufssoldaten sind, schnell herum, dass die Guerilleros alle, die sich ergeben, laufen lassen.[50] Auch in der Bevölkerung verbreitet sich die Nachricht von der wachsenden Widerstandsbewegung in den Bergen. Die Guerilleros finden immer mehr Anhänger und werden von den Bewohnern der Umgebung mit Essen und Wasser unterstützt. In den Städten formieren sich nun auch Untergrundkämpfer, meist von jungen Intellektuellen angeführt. Wenn diese auffliegen und fliehen können schließen sie sich den Guerilleros in der Sierra Maestra an.

Batista versucht mit allen Mitteln die Untergrundbewegung zu stoppen. Sein Geheimdienst gilt als besonders brutal, durch Folterungen und öffentliche Hinrichtungen soll die Bevölkerung abgeschreckt werden, der Widerstandbewegung zu helfen. Zunehmend kann der Diktator nicht mehr unterscheiden, wer Freund und wer Feind ist und wendet seine Brutalität willkürlich an, was zu einer immer stärkeren Unterstützung der Widerstandsbewegung führt. Am 31.12.1958 gewinnen die Revolutionäre die Kämpfe in Santa Clara, einem strategisch wichtigen Standort, in Zentral-Kuba. Obwohl Batistas Truppen militärisch noch lange nicht geschlagen sind, flieht dieser am 1.1.1959 mit einigen Gefolgsleuten und rund 40 Millionen Dollar in bar in die Dominikanische Republik. Dies besiegelt

48  Vgl. Zeuske, M.: Fidel Castro und die Geschichte Kubas, http://www.bpb.de/themen/U2O311,1,0,Fidel_Castro_und_die_Geschichte_Kubas.html, Stand: 10.2.2012.

49  Diesen Spitznamen bekommt der Arzt im Ausland da er ständig das in Argentinien sehr geläufige Füllwort *Che* benutzt was mit *ne, hör mal* oder *gell* übersetzt werden kann. (Vgl. http://www.cheguevara.com/, Stand: 10.2.2012.)

50  Vgl. Ben-Gurion, D.: http://www.spiegel.de/spiegel/print/d-42624312.html, Stand: 10.2.2012.

den Sieg der Revolution und die Freiheitskämpfer ziehen unter großem Jubel der Bevölkerung in die Hauptstadt Havanna ein.[51]

*„Batistas überstürzte Flucht hatte zur Folge, dass Armee und Polizei schon wenige Stunden später zu den Rebellen überliefen. Das durch Terror und Korruption längst morsche Regime fiel auch an jenen Orten zusammen, die Castros Rebellen noch gar nicht zu Gesicht bekommen hatten. Nach kurzen Disputen erkannten alle politischen Gruppen der Insel den von Fidel Castro bestimmten vorläufigen Präsidenten Dr. Manuel Urrutia an.“[52]*

Fidel Castro ist nach kubanischer Verfassung für den Sitz des Präsidenten noch ein wenig zu jung und lässt sich von Urrutia zum Oberbefehlshaber der Streitkräfte ernennen.[53] In den nächsten Jahren befindet sich das Land in einem euphorischen Umbruch und steht vor der schwierigen Frage, wie es nun weiter gehen soll. Denn ein klares politisches Programm gibt es noch nicht, es ist vielmehr eine Suche nach Allianzen.[54] Im Kontext einer Weltpolitik, in der sich zwei politische Systeme gegenüberstehen, die durch zwei Großmächte repräsentiert werden, besteht ein starkes Interesse an der Entwicklung des neuen Staates. Zunächst sieht es so aus, als ob sich die neue Regierung und die USA arrangieren. Fidel Castro betont immer wieder, *„weder ein Kommunist zu sein noch eine sozialistische Politik einschlagen zu wollen.“*[55] Ein Sabotageakt, bei dem 1960 ein Frachter der kubanischen Regierung im Hafen Havannas explodiert kann als ideologischer Wendepunkt gesehen werden. Denn Fidel beschuldigt während der Trauerfeiern die CIA für den Anschlag verantwortlich zu sein und so lodern die alten Spannungen zwischen den USA und Kuba wieder auf. Als sich Castro und seine Anhänger nun klar auf die Seite des Sozialismus stellen und die Bereitschaft zu strukturellen Veränderungen bekunden, emigrieren rund zwei Millionen Kubaner größtenteils nach Miami. Viele von ihnen sind Kapitalisten, die sich unter Batista große Reichtümer angeeignet haben, aber auch Künstlern und Intellektuelle verlassen die Insel. Die meisten rechnen damit, dass die Revolution nicht lange anhält und sie bald in ihre alte Heimat zurückkehren können.[56] Daher verstecken einige auch Teile ihres Besitzes in ihren Häuserfassaden oder Möbeln, da sie es nicht schaffen, alles aus dem Land zu transportieren. Diese

---

51  Vgl. Rojas Blaquier, A.: La unidad como factor de triunfo, S. 57 ff.
52  Ben-Gurion, D.: http://www.spiegel.de/spiegel/print/d-42624312.html, Stand: 10.2.2012.
53  Unheilbar romantisch: http://www.spiegel.de/spiegel/print/d-42622469.html, Stand: 10.1.2012.
54  Vgl. Wehrli, A.: ¡Viva la creatividad!, S. 66.
55  Ebd.
56  Vgl. ebd. S. 67.

starke Exilgemeinde, die sich zum großen Teil aus Castrokritikern zusammensetzt spielt eine große Rolle bei den konterrevolutionären Bestrebungen der nächsten Jahre. Sehr bald ist die kubanische Wirtschaft nicht mehr kapitalistisch und der Prozess der Verstaatlichung trifft auch ausländische und vor allem amerikanische Firmen. Durch die Enteignung werden neue Arbeitsmöglichkeiten geschaffen, der Lebensstandard erhöht sich und Projekte wie die Alphabetisierungskampagne beziehen auch abgelegene Dörfer des Landes mit ein. Geschickte Selbstinszenierung und strategische politische Führung verhelfen Castro zu Respekt und großer Unterstützung aus der Bevölkerung.

> *„Der neueste Robin-Hood-Streich Castros und sein gestenreicher Fernsehkommentar verfehlten ihre Wirkung nicht: Kubas leicht entflammbare Bevölkerung begeisterte sich wieder einmal für den smarten Nationalhelden und bedachte ihn mit stürmischen Ovationen."*[57]

Fidel Castro erarbeitet sich so eine unvergleichbar wichtige Rolle im politischen Geschehen des Landes. Nachdem Präsident Urrutia zurücktritt, übernimmt Fidel Castro acht Tage später sein Amt. Auch wenn die Realeinkommen steigen, bleibt die Versorgungslage schwierig. Die Einführung der Rationierungskarte *libreta* 1961 soll zu einer besseren und gerechteren Verteilung der Lebensmittel führen und die Basisversorgung verbessern. Schritt für Schritt bauen die Revolutionäre das Land auf und soziale Ungerechtigkeiten ab. Vor allem auf den Ausbau und den Zugang aller zu Bildung und Gesundheitsversorgung wird von Anfang an besonders viel Wert gelegt. Das Bildungs- und Gesundheitswesen ist vorbildlich und führend in Lateinamerika.[58] Diese Entwicklung ist vor allem den Exilkubanern, aber auch der amerikanischen Politik ein Dorn im Auge. Die USA befürchtet nach der sogenannten *Domino-Theorie*, dass sich weitere Länder dem Sozialismus anschließen könnten. 1961 soll mit der Invasion in der Schweinebucht ein Schlussstrich gezogen werden. Mit verdeckter Unterstützung der CIA versuchen die Exilanten eine vorübergehende Regierung ins Land zu bringen die dann per Funk die USA um militärische Unterstützung bitten kann. Der Plan schlägt allerdings fehl und binnen weniger Tage haben Castro und seine Männer die Situation unter Kontrolle und verhaften rund 1.100 Männer. Das Fehlschlagen der Invasion ist nicht nur militärisch ein Debakel. Als Kennedy die volle Verantwortung dafür übernimmt, hagelt es Kritik aus dem Ausland.[59] Castro wird durch den Angriff gestärkt und nutzt die Situation geschickt für

---

57 Unheilbar romantisch: http://www.spiegel.de/spiegel/print/d-42622469.html, Stand: 10.1.2012.
58 Vgl. Wehrli, A.: ¡Viva la creatividad!, S. 67 ff.
59 Vgl. Pade, W.: Soziliasmus in Kuba, S. 199 f.

sich aus. An Weihnachten 1962 tauscht er die Gefangenen gegen dringend be-
nötigte Medikamente und Babynahrung.[60] Auch wenn Kuba die Invasion aus
eigener Kraft abwehren kann, mündet die Auseinandersetzung in eine noch viel
dramatischere Situation. Die sogenannte Kubakrise im Oktober 1962 bringt die
Welt in die Gefahr eines Atomkrieges. Inmitten des Kalten Krieges ist die kleine
Insel, die aus Sicht der Sowjetunion einen strategisch guten Ort für einen Mili-
tärstützpunkt darstellt, bald Spielball der Großmächte. Die USA wollen die Stati-
onierung von Mittelstreckenraketen mit dazugehörigen Atomsprengköpfen auf
der Insel mit allen Mitteln verhindern und drohen mit einen Gegenangriff mit
ihren in der Türkei und Italien stationierten Raketen. Für dreizehn Tage hält die
Welt den Atem an, der Atomkrieg hätte für einen Großteil der Weltbevölkerung
dramatische Auswirkungen. Obwohl Kuba eine zentrale Rolle in der Auseinandersetzung spielt, verhandeln die USA und die UdSSR teilweise, ohne die Castro-
Regierung in ihre Gespräche mit einzubeziehen. Am 28. Oktober endet die Krise
mit dem Einlenken Chruschtschows und dem Abzug seiner Raketen aus Kuba.
Kennedy erklärt im Gegenzug keine weitere Invasion auf Kuba durchzuführen.
Außerdem will er die US-amerikanischen Raketen aus der Türkei abziehen,
dies soll allerdings möglichst ohne internationales Aufsehen geschehen, um als
heimlicher Gewinner aus der Krise zu kommen.[61]

In den folgenden Jahren ist Kuba vor einem direkten Angriff der USA geschützt
und die Koalition mit der Sowjetunion, die auch als der große Bruder bezeichnet
wird, sichert den Kubanern vor allem wirtschaftliche Unterstützung. Auch was
die politischen Strukturen im Land betrifft kann sich Castro immer eines guten
Rates sicher sein. Mit dem Zusammenbruch der UdSSR fallen um 1990 die Handelspartner weg, mit denen Kuba ca. 80 Prozent seines Außenhandels betrieben
hatte. Somit brechen die Pfeiler der kubanischen Wirtschaft nach und nach weg.
Diese katastrophale Situation spitzt sich mit den beiden, das US-amerikanische
Embargo verschärfenden, Gesetzen (1992 *Cuban Democracy Act*, 1996 *Helms-
Burton-Act*) zu. Fidel Castro ruft 1991 den *Notstand in Friedenszeiten* aus. Die
sogenannte Spezialperiode bedeutet für die Bevölkerung einschneidende Maßnahmen und sehr viele Entbehrungen in ihrem Alltagsleben. Der Transport wird
aufgrund von mangelndem Öl auf ein Minimum beschränkt, die Lebensmittelknappheit ist groß und der Wert des Geldes schwankt stark. Die heikle Situation bringt zahlreiche Kubaner dazu, mit selbst zusammen gezimmerten Schiffen

---

60 Vgl. 1962: Bay of pigs prisoners fly to freedom, http://news.bbc.co.uk/onthisday/hi/
   dates/stories/december/24/newsid_3295000/3295045.stm, Stand 12.1.2012.
61 Vgl. Steininger, R.: Die Kubakrise 1962, S. 132.

übers Meer Richtung Key West in den USA zu fahren. Fidel Castro muss reagieren, um sein Land vor dem wirtschaftlichen Zusammenbruch zu bewahren, sein Notstandprogramm enthält vor allem Sofortmaßnahmen.[62]

*„Insgesamt handelte es sich bei den Maßnahmen, die zur Bewältigung der Krise ergriffen wurden, weniger um grundsätzliche Reformen, als vielmehr um punktuelle Notstandsprogramme, die den dramatischen Sturz der Wirtschaft zwar nicht aufhalten konnten, aber geeignet waren, die größte soziale Not der Bevölkerung zu mildern. Um die weiter anhaltende Talfahrt der kubanischen Ökonomie zu stoppen, wurden daher ab Jahresende 1993 verstärkt strukturelle Reformen in Angriff genommen. Diese Anstrengungen sollten das Land dem Weltmarkt und ausländischen Investoren öffnen sowie die Binnenproduktion und Konsumption ankurbeln; in jedem Fall sollten Devisen erlangt oder eingespart werden, um die so dringend notwendigen Importe realisieren zu können."*[63]

1994 tritt eine langsame Verbesserung der Krisensituation ein. Entscheidend ist die Öffnung des Außenhandels, ausländischen Firmen werden Investitionen genehmigt, Joint Ventures werden gegründet und vor allem der Tourismussektor wird massiv ausgebaut und gefördert.[64] Als von US-amerikanischer Seite eine Lockerung bezüglich Geldtransfers nach Kuba erlassen wird, schickt Ende der 1990er Jahre die vorwiegend weiße Oberschicht Rimessensendungen[65] an ihre nahen Verwandten. Diese werden neben dem Tourismus eine wichtige Einnahmequelle des Landes, allerdings auch mit der Nebenwirkung eines sozialen Ungleichgewichts.[66] Kuba hat sich heute nicht nur aus der wirtschaftlichen Misere gerettet, sondern auch aus der politischen Isolation befreit. Neben China und Japan als Handelspartner genießt Kuba vor allem in Lateinamerika Respekt.

*„Denn mit der Herausbildung eines lateinamerikanischen Linksblocks unter der Führung Venezuelas gewann Kuba nicht nur neue Handelspartner in seiner unmittelbareren Nähe hinzu, sondern fand vor allem neue politische Verbündete. Diese neuen Bündnispartner, zu denen neben Venezuela Bolivien, Ecuador und Nikaragua [sic!] gehören, unterstützen Kuba nicht nur durch vorteilhafte und solidarische Handelsbeziehungen, sondern stehen fest an der Seite des kubanischen Volkes und seiner Regierung im Kampf für nationale Unabhängigkeit. Kuba wird dabei als Teil jener Bewegung angesehen, die für eine Neuordnung der*

---

62  Vgl. Steininger, R.: Die Kubakrise 1962, S. 135 f.
63  Niese, S.: Kubas Weg aus der Krise, http://www.ag-friedensforschung.de/regionen/Kuba/aufbau2.html, Stand: 12.1.2012.
64  Vgl. ebd..
65  So werden Geldsendungen (*remesas*) genannt. (Vgl. Wehrli, A.: ¡Viva la creatividad!, S. 67.)
66  Vgl. Wehrli, A.: ¡Viva la creatividad!, S. 67.

*wirtschaftlichen und politischen Verhältnisse im südlichen Amerika eintritt und die bisher*
*vorherrschende US-Hegemonie auf diesem Subkontinent zurückdrängen will.*[67]

Mit der Einführung der Devisen im Rahmen der Umstrukturierungsprozesse hat
sich die sozialistische Insel zwar wirtschaftlich aus der Sackgasse geholfen, musste dafür aber auch schwere Opfer bringen. Denn eine der Errungenschaft der
Revolution ist die egalitäre Gesellschaft, die nun so nicht mehr Aufrecht erhalten
werden kann. Sie teilt sich auf in diejenigen, die Zugang zu den Devisen haben
und jenen, denen der Zugang verwehrt bleibt. Im Februar 2008 übernimmt Raúl
Castro endgültig alle Staatsämter seines Bruders Fidel und verspricht der neuen
Problematik zu begegnen, indem die Sozialprogramme der Revolution gerechter
und effektiver gestaltet und das Lohn- und Steuersystem grundsätzlich refor-
miert werden sollen.[68] Bei dem 6. Parteikongress im April 2011 unterstreicht Raúl
Castro, dass sich an der politischen Überzeugung der Regierung nichts ändern
wird. *„Ich nehme meine letzte Aufgabe an, [...] [mit der] aufrichtigen Überzeugung*
*und der Ehrenverpflichtung, dass es meine vorrangige Schuldigkeit sein wird, die*
*Perfektionierung des Sozialismus zu verteidigen, zu erhalten und weiter zu verfol-*
*gen.*"[69] Trotz überzeugten Auftretens der politischen Führung steht Kuba vor einer Zerreißprobe. Die Generation die während der Spezialperiode aufgewachsen
ist kennt das Leben in einer revolutionären Gesellschaft nur von Erzählungen.
Was sie heute erleben ist ein Land mit einer doppelten Währung, dem kubanischen Peso (*MN*), mit welchem die Kubaner vom Staat ihre Löhne[70] beziehen und
dem konvertiblen Peso (*CUC*), welcher das Pendant zum Dollar ist und mit dem
man unter anderem die importierten Konsumgüter erwerben kann. Der Um-
rechnungskurs zwischen der Nationalwährung und der *Touristenwährung* liegt
bei 1:25 und macht die starke Diskrepanz nur annährend deutlich.[71]

Zur Folge hat dieser krasse Unterschied unter anderem, dass auch sehr gut ausgebildete Kubaner ihren ursprünglichen Beruf aufgeben, um einen der begehrten

---

67  Vgl. Niese, S.: Kubas Weg aus der Krise, http://www.ag-friedensforschung.de/regionen/
    Kuba/aufbau2.html, Stand: 12.1.2012.
68  Vgl. ebd.
69  Vgl. Neuber, H.: Raúl Castros letztes Gefecht, http://www.ag-friedensforschung.de/
    regionen/Kuba/parteitag7.html, Stand: 12.1.2012.
70  Der staatliche Durchschnittslohn liegt nach angaben des statistischen Bundesamtes
    im Monat bei ca. 400 kubanischen Peso, umgerechnet ca. 18 Dollar (http://www.one.
    cu/aec2009/esp/20080618_tabla_cuadro.htm).
71  Vgl. Niese, S.: Kubas Weg aus der Krise, http://www.ag-friedensforschung.de/regionen/
    Kuba/aufbau2.html, Stand: 12.1.2012.

Arbeitsplätze im Tourismussektor zu suchen. Dem Land fehlen dann wiederum diese Fachkräfte, so zum Beispiel Lehrer oder Ärzte.

*„Jetzt, da nunmehr seit fast drei Jahren die Identifikationsfigur der Revolution, Fidel Castro, nicht mehr aktiv an der Politik teilnehmen kann, ist die Regierung unter Leitung Raúl Castros umso mehr gefordert, die junge heranwachsende Generation wieder verstärkt für die Revolution und ihre Werte und Ideale zu gewinnen und zu begeistern."[72]*

## 3.3 Alltagsleben

### 3.3.1 Versorgung

In dem sozialistischen Staat ist das Einkaufen kompliziert. Neben der Rationierungskarte *(libreta)*, welche monatlich einen gewissen Grundbedarf (Reis, Öl und ein wenig Fleisch) deckt, gibt es verschieden Möglichkeiten Lebensmittel zu kaufen. Es gibt die Obst- und Gemüsemärkte, wo die im Land hergestellten landwirtschaftlichen Produkte angeboten werden. Die Preise sind staatlich reguliert und die Bezahlung erfolgt in kubanischen Peso. Das Angebot ist relativ breit. Es gibt auch ein paar staatliche Verkaufstellen für Obst und Gemüse. Auch hier sind die Preise im kubanischen Peso zu entrichten, allerdings sind sie durch die Subventionen vom Staat sehr viel niedriger, als die oben genannten Märkte. Dafür ist die Auswahl eher klein und man muss öfter mal Schlange stehen. Da es auch an anderen Stellen dazu kommt, warten zu müssen, wird die Schlange von den Kubanern organisiert und relativ strikt eingehalten. Dann gibt es noch Supermärkte, in denen importierte Waren für *Peso Convertible* verkauft werden. Die Artikel der verschiedenen Ketten decken sich meistens, nur die größeren Läden haben auch mal Käse o. ä. in der Theke. Ansonsten bekommt man hier Hygieneartikel und Konserven (Tomatensoße, Milchpulver). Gerade in den abgelegenen Orten sind begehrte Artikel wie Milch und Toilettenpapier schnell vergriffen.[73]

Durch die zunehmenden Joint Venture-Geschäfte mit ausländischen Firmen gibt es immer mehr technische Geräte oder Möbel etc. auf dem Markt. Die Preise hierfür sind allerdings sehr hoch und nur wenige Kubaner können sich die importierten Sachen leisten. Sehr beliebt ist für diese Artikel der Schwarzmarkt. Hier gibt es so ziemlich alles zu kaufen, man muss aber mit teuren Devisen bezahlen.

---

72 Vgl. Niese, S.: Kubas Weg aus der Krise, http://www.ag-friedensforschung.de/regionen/Kuba/aufbau2.html, Stand: 12.1.2012.
73 Vgl. Dröscher, B.: Havanna Lektionen, S. 150 f.

Meistens kommen die Artikel durch reisende Familienangehörige oder Freunde ins Land.[74]

### 3.3.2 Wohnverhältnisse

Die Wohnverhältnisse der Kubaner unterscheiden sich stark voneinander. Dies hat zwar auch mit den oben erläuterten sozialen Schichten zu tun, aber vor allem hängt es mit der fehlenden Restauration der Gebäude zusammen. An vielen Gebäuden wurde aufgrund mangelnder finanzieller Mittel und Materialien seit Jahren nichts renoviert und die Fassaden bröckeln zunehmend. Die Lage hat sich seit Ende der 1990er Jahre ein wenig verbessert, vor allem die Touristenregionen werden weitestgehend restauriert, aber auch wohlhabendere Familien versuchen den Versäumnissen der Instandhaltung nachzukommen. Allerdings können sich das nicht alle Teile der Bevölkerung leisten. Besonders sind die Gebäude in der Nähe vom Meer, durch die krassen Witterungsverhältnisse, vom Zerfall bedroht. Daher werden im Fall einer Hurrikan-Warnung viele Häuser evakuiert. Die Wohnungsnot ist vor allem in der Hauptstadt Havanna stark zu spüren. Der Wohnungsmarkt ist gesetzlich geregelt.[75] Das Kaufen und Verkaufen von Immobilien ist streng untersagt, Häuser werden entweder vererbt, oder getauscht. Im Falle eines Tausches darf kein Geld fließen. Die Regelungen führen dazu, dass viele Familienangehörige oft auf engstem Raum zusammen wohnen. Durch den engen Wohnungsraum und die günstigen klimatischen Bedingungen spielt sich das Leben auf der Straße ab.[76] Die Fenster und Türen sind geöffnet und so ist *„die Geräuschkulisse [...] geprägt durch ein Ineinanderperlen und zeitweise – dröhnen unterschiedlicher Melodien und Rhythmen, die von schreienden oder sich zurufenden Nachbar_innen und vorbeiratternden Autos mit alten Motoren übertönt werden.“*[77] Das Verhältnis der Bewohner untereinander ist relativ eng, aber durch die gedrängte Wohnungssituation gibt es auch Potential zu Auseinandersetzungen.[78]

---

74  Vgl. Niese, S.: Kubas Weg aus der Krise, http://www.ag-friedensforschung.de/regionen/ Kuba/aufbau2.html, Stand: 12.1.2012.
75  Seit November 2011 gibt es eine Lockerung im Wohungsgesetz, welche die Übertragung von Privatbesitz vereinfachen und durch Abschaffung der Bürokratie auch der Korruption entgegenwirken soll.
76  Vgl. Nau, S.: Lokale Akteure in der Kubanischen Transformation, S. 59 f.
77  Vgl. Wehrli, A.: ¡Viva la creatividad!, S. 107.
78  Vgl. Nau, S.: Lokale Akteure in der Kubanischen Transformation, S. 59 f.

### 3.3.3 Kreativität, Kunst, Musik

Sowohl das Bildungs- als auch das Gesundheitssystem, welche für jeden gleichermaßen zugänglich sind, stellen eine der größten Errungenschaften der sozialistischen Revolution auf Kuba dar. Damit einher geht von Anfang an auch die intensive Förderung der Künste. Ein breites Netzwerk an Kunst- und Kulturschaffenden hat sich gebildet, das sich auch über die staatlich institutionalisierten Bereiche hinaus findet. So lädt Kuba jährlich zu international anerkannten Aktivitäten wie dem Filmfestival, der Buchmesse und zahlreichen Kunstausstellungen.[79] Die Eintritte für das kulturelle Angebot sind ausnahmslos[80] in kubanischen Peso zu entrichten und aufgrund enormer staatlicher Förderungen sehr, sehr günstig. Generell wird das kulturelle Angebot von allen Schichten der Bevölkerung intensiv genutzt. So erfreut sich z. B. auch die internationale Buchmesse einer großen Nachfrage und auf dem Rückweg sieht man Jung und Alt mit Büchern bepackt und einem glücklichen Lächeln im Gesicht heimfahren.[81]

### 3.3.4 Tourismus

*„War der Tourismus im vorrevolutionären Kuba äußerst ausgeprägt, so schlummert er nach der Machtübernahme Fidels in bescheidenem Umfang und hauptsächlich in Form eines ,revolutionären', staatlich organisierten Solidaritätstourismus vor sich hin."*[82] Im Zuge der Spezialperiode hat sich dies innerhalb kürzester Zeit grundlegend verändert. Aufwendig wurde in die Hotellandschaft investiert und auch eine eigene Infrastruktur mit Mietwägen und Überlandbussen für die Touristen geschaffen. An Kubas traumhaften Karibikstränden reiht sich nun ein All-Inclusive-Hotel an das nächste. Der Tourismussektor ist längst eine der Hauptsäulen der kubanischen Wirtschaft. Diese Entwicklung bringt allerdings auch strukturelle Veränderungen in der Gesellschaft mit sich. Alleine durch die Trinkgelder verdient ein Taxifahrer weit mehr als ein Arzt.[83]

Der Versuch die Touristen auf bestimmte Bahnen durch das Land zu führen und den Kontakt zwischen Ausländern und Kubanern zu kontrollieren scheitert

---

79 Vgl. Dröscher, B.: Havanna Lektionen, S. 111 ff.
80 Als Einschränkung müssen hier die speziell für die Touristen konzipierten Shows genannt werden, welche im konvertiblen Peso zu errichten sind. Generell gilt jedoch das Prinzip, dass der Kubaner in der kubanischen Währung zahlt und der Tourist für die gleichen Eintritte, mit dem konvertiblen Peso zahlt.
81 Vgl. Dröscher, B.: Havanna Lektionen, S. 169 ff.
82 Vgl. Wehrli, A.: ¡Viva la creatividad!, S. 92.
83 Vgl. Nau, S.: Lokale Akteure in der Kubanischen Transformation, S. 56.

zunehmend. Es gibt zwei Hauptgründe für die starke Kontrolle. Zwar soll durch ein ausgeklügeltes Steuersystem erreicht werden, dass die Einnahmen durch die Touristen möglichst durch den staatlichen Filter laufen. Allerdings versuchen immer mehr Kubaner an die begehrten konvertiblen Peso zu kommen, indem sie z. B. unter der Hand Schmuck und Souvenirs verkaufen, oder am Strand musizieren. Durch starke polizeiliche Präsenz und Strafen sollen die Touristen vor Belästigungen geschützt werden.[84]

Zum anderen besteht die Problematik der Informationspolitik. Durch die geographisch besondere Insellage waren lange Zeit nur die offiziell genehmigten Informationen verfügbar. Mit den ausländischen Besuchern ändert sich diese Situation. Die staatliche Kontrolle der Nachrichten ist auch als eine Reaktion auf die konterrevolutionären Bestrebungen der Exilkubaner zu verstehen. Mittlerweile ist die starke Kontrolle des Kontakts zwischen Kubanern und Touristen zurückgegangen. Zunehmend finden sich binationale Beziehungen, die schon lange nicht mehr nur als Sextourismus eingeordnet werden können. Allerdings gibt es immer noch strenge bürokratische Hürden, sowohl von Seiten der kubanischen Ausreisebehörde als auch bei den Einreisebestimmungen der jeweiligen Länder.[85]

### 3.3.5 Menschenrechte, Meinungsfreiheit und Autozensur

Die Allgemeine Erklärung der Menschenrechte ist das Bekenntnis der Vereinten Nationen über die Grundsätze der Menschenrechte. Als Menschenrechte werden subjektive Rechte bezeichnet, die jeder Person gleichermaßen zustehen. Viele Länder haben diese Rechte in ihrer Verfassung verankert.[86] So ist die Europäische Union z. B. eine auf Grund- und Menschenrechten basierende Wertegemeinschaft.[87] Das häufig bestehende hierarchische Verhältnis zwischen dem Westen und Europa gegenüber anderen Regionen beeinflusst auch den aktuellen Menschenrechtsdiskurs. Dieser Aspekt des Eurozentrismus vor dem Hintergrund einer kolonialen Geschichte und postkolonialen Gegenwart muss unbedingt als Hintergrund der Diskussion mitgedacht werden.[88]

---

84  Vgl. Nau, S.: Lokale Akteure in der Kubanischen Transformation, S. 61.

85  Vgl. ebd. S. 67 ff.

86  http://www.un.org/depts/german/grunddok/ar217a3.html.

87  Vgl. http://eur-lex.europa.eu/LexUriServ/LexUriServ.do?uri=OJ:C:2007:303:0001:0016:DE:PDF, Stand: 12.1.2012.

88  Vgl. Hossenfelder, M.: Der Wille zum Recht und das Streben nach Glück, S. 122 ff.

Die Frage, ob Kuba die Menschenrechtscharta einhält, ist sehr umstritten. Da die Bandbreite der Problematik zu umfangreich für diese Studie wäre, soll das Thema im Folgenden nur kurz umrissen werden.

Laut *Amnesty International Report 2011*, ist die Lage auf Kuba folgende:

> *„Im Jahr 2010 kamen 43 gewaltlose politische Gefangene frei. Die Rechte auf freie Meinungs-*
> *äußerung, Vereinigungs- und Versammlungsfreiheit wurden nach wie vor beschnitten, und*
> *zahlreiche Kritiker der Einparteienherrschaft wurden drangsaliert. Das US-amerikanische*
> *Embargo gegen Kuba war weiterhin in Kraft."*[89]

Die unabhängige Organisation versucht seit mehreren Jahren eine Einreiseerlaubnis nach Kuba zu bekommen, diese wird aber seit 1990 von der Regierung verweigert.[90] Der Bericht von Amnesty kann also nur als eine Beobachtung aus der Ferne, anhand von Aussagen und Daten Dritter gesehen werden. Die Problematik, die sich hierbei ergibt, hängt mit der Stellung Kubas in der internationalen Weltpolitik zusammen. Seit die Insel sich 1961 offen zum Sozialismus bekennt ist vor allem die außenpolitische Beziehung zu den USA sehr schwierig. Die starke Lobby der Exilkubaner, die vor allem von Miami aus agieren und relativ einflussreich sind, taktieren die Insel mit verschiedenen Mitteln. Aber auch die US-amerikanische Regierung erkennt die Castro-Regierung nicht an. Das 1962 verhängte Wirtschaftsembargo, welches bis heute immer wieder verändert und dabei meist verschärft wurde, schränkt die Handelsoptionen Kubas stark ein.

> *„So fehlen den kubanischen Ärzten Antibiotika und neue Krebsmedikamente aus US-*
> *amerikanischer Produktion. Insgesamt beziffert Kuba die durch die 1962 verhängte*
> *Blockade bis zum vergangenen Dezember verursachten Schäden in einem der UNO vor-*
> *gelegten Bericht auf mehr als 104 Milliarden US-Dollar, unter Einrechnung der Inflation*
> *sogar auf 975 Milliarden. [...] Kuba hatte 1992 zum ersten Mal bei der UN-Vollver-*
> *sammlung eine Verurteilung der Blockade beantragt."*[91]

Im Oktober 2011 stimmt eine beachtliche Mehrheit für die von Kuba vorgelegte Resolution und verurteilt damit die Blockade.[92] Die USA führt ihren Kampf gegen die Insel allerdings nicht nur auf der Wirtschaftsebene, sondern auch auf der ideologischen. Hierbei versucht sie sich vor allem der propagandistischen Mittel zu bedienen. Eines der vielen Beispiele ist der Propagandasender *Radio Martí*,

---

89  Amnesty Report 2011: Kuba, http://www.amnesty.de/jahresbericht/2011/kuba?
    destination=node%2F2965, Stand: 12.1.2012.
90  Vgl. ebd.
91  Scheer, A.: Votum gegen Obama, http://www.ag-friedensforschung.de/regionen/Kuba/
    un-gv.html, Stand: 12.1.2012.
92  Vgl. ebd.

welcher versucht mit substanzlosen Berichten und einer hetzerischen Sprache die kubanische Bevölkerung zu beeinflussen.[93] Die kubanische Regierung sieht sich diversen solcher Aktionen ausgesetzt und versucht mit allen Mitteln diese Propaganda zu bekämpfen. Hauptkritikpunkt der internationalen Berichterstattung und der EU sind Menschenrechtsverletzungen, die sie in der Existenz politischer Gefangener sehen. Aus Sicht der Castro-Regierung ist ihr Handeln legitim, da sie die politischen Gefangenen als von Washington gesandte Agenten sehen die konterrevolutionäre Netzwerke auf der Insel aufbauen wollten und somit zu Recht von den kubanischen Sicherheitskräfte festgenommen wurden.

Der Auslandskorrespondent Harald Neuber beschreibt die Lage wie folgt:

*„Während internationale Medien weiterhin über den Hungerstreik des »unabhängigen Journalisten« Fariñas schreiben, mehrt sich - medial weit weniger beachtet - die Kritik an der Aktion und an der Berichterstattung darüber. [...] Auf Kuba wird eine immense Lupe gerichtet, die alles hervorhebt, was gegnerischen Interessen zugute kommt. [...] In einem offenen Brief »an die Intellektuellen und Künstler der Welt« hatten sich Ende vergangener Woche die kubanischen Kulturverbände UNEAC und AHS zu Wort gemeldet. »In der Geschichte der Kubanischen Revolution ist niemals ein Gefangener gefoltert worden. Es hat keinen einzigen Verschwundenen gegeben. Es gab keine einzige außergerichtliche Exekution«, heißt es in dem Schreiben. Kuba habe eine eigene Demokratie begründet, »die sicherlich nicht perfekt ist, jedoch sehr viel einbindender und legitimer als die, die man uns überstülpen möchte«. Die diese Kampagne inszeniert haben, um Kuba Lektionen über Menschenrechte zu erteilen, besäßen keine Moral, urteilten die kubanischen Schriftsteller und Künstler."[94]*

Auch wenn die kubanische Regierung in solchen Situationen sehr restriktiv handelt und die Freiheiten ihrer Bewohner einschränkt muss der ganze Kontext gesehen werden.

Die starke Kontrolle der kubanischen Regierung bezog sich bis dato auch auf die Welt des Internet. Allerdings sind auch hier die Gründe des eingeschränkten Zugangs für die Bevölkerung vielseitig. Die allergrößte Hürde ist jedoch, dass die Nutzung des Internets sehr langsam und teuer ist. Aufgrund des Embargos ist Kuba bisher noch nicht mit einem Glasfaserkabel mit dem Rest der Welt verbunden. Die Kapazitäten und Kosten der Satellitenverbindung über Europa reichen nicht aus, um den Bedürfnissen aller Kubaner gerecht zu werden. Bislang werden der Tourismus und wirtschaftlicher Sektor vorrangig versorgt. Dies soll

---

93 Lobe, J.: Saft weg für Propagandasender, http://www.ag-friedensforschung.de/regionen/ Kuba/us-sender.html, Stand: 12.1.2012.

94 Neuber, H.: Wachsende Kritik an Kuba-Kritikern, http://www.ag-friedensforschung. de/regionen/Kuba/kampagne2.html, Stand: 12.1.2012.

sich in Zukunft allerdings ändern. Mit Hilfe der lateinamerikanischen Bündnispartner wird ein Kabel von Venezuela nach Kuba verlegt.

Allerdings kann auch davon ausgegangen werden, dass Kubas Regierung lange Zeit aktiv versucht hat, Informationen, die auf die Insel kommen zu kontrollieren und gewisse Seiten im Internet zu sperren und dies auch heute noch
versucht. Allerdings zeichnet sich hier eine Öffnung ab, die verschiedene Gründe haben kann. Der technologische Fortschritt kommt auch auf der Insel an und
die Weiten der digitalen Welt sind schon längst nicht mehr kontrollierbar.[95]

### 3.3.6 Religion

Als Kubas Hauptreligion gelten der *Katholizismus* und die *Santería*, eine afro-
kubanische Mischreligion. Ursprünglich basiert sie auf der animalistischen Religion der westafrikanischen *Yoruba* und ist stark mit christlichen Elementen
vermischt. Die marxistisch – leninistischen Grundsätze, an denen sich die junge
Revolution orientiert, beinhalten eine gewisse Distanz gegenüber Religion. Allerdings machte der junge Staatpräsident Fidel laut der Autorin Christine Ayorinde
deutlich, dass er sich keineswegs als Feind der Religion sehe. Man könne nieman-
dem seine religiöse Gesinnung durch gesetzliches Verbot oder antireligiöse Kam-
pagnen nehmen. Die Regierung beschränkt religiöse Aktivitäten also zunächst,
verbietet sie aber nicht. Die Santería erhält als unpolitische Form der Religionsausübung seit einigen Jahren staatliche Förderungen, die katholische Kirche und
die Castro-Regierung haben ein bescheidenes Verhältnis, was nicht zuletzt auf
die historischen Ereignisse zurückzuführen ist.[96]

Als die katholische Kirche sich in die politischen Geschehnisse des Landes ein-
mischt, ändert sich die anfangs eher liberale Grundhaltung. Zwischen Dezember
1960 und Oktober 1962 unterstützt sie die vermutlich von der CIA[97] durchge-
führte *Operation Peter Pan*. In einer propagandistischen Meisterleistung werden
Kommunisten als unberechenbar dargestellt und besorgten Eltern wird Angst
gemacht, dass ihre Kinder von Fidel Castro in Arbeitslager in die Sowjetunion
geschickt werden. Es kursiert sogar das Gerücht, dass Kommunisten Kinder essen. Diese Propaganda kann allerdings deshalb greifen, weil Castro zuvor Kinder

95  Vgl. Scheer, A.: Lange Leitung gegen Blockade, http://www.ag-friedensforschung.de/
    regionen/Kuba/kabel.html, Stand: 12.1.2012.
96  Ayorinde, C.: Afro-Cuban Relogisity, Revolution, and National Identity, S. 96 f.
97  Die CIA bestreitet bis heute, in diese Operation involviert zu sein.

zur Militärschule eingezogen hatte. Insgesamt werden über 14 000 Kinder in die rettende USA gebracht.[98]

Der Zwischenfall wird als Beweis für die konterrevolutionären Gesinnungen der organisierten Religionen gesehen und hat als Konsequenz, dass Religionsausübung keine gesellschaftliche Akzeptanz hat. Wer sich offen zum Glauben bekennt kann unter Umständen seinen Beruf nicht ausüben und auch nicht Mitglied der Kommunistischen Partei werden. Zwar werden zunächst keine Kirchen geschlossen, jedoch alle Schulen verstaatlicht. Die Erziehung wird auf sozialistischen Ideologien wie der Kollektivität aufgebaut, in der die Geschichte und Werte der verschiedenen Religionen keinen Platz finden.[99]

Seit den 90er Jahren zeigt sich eine generelle Öffnung, die sich auch in der Beziehung zur Kirche widerspiegelt. Seit einer Verfassungsänderung 1992 dürfen auch Gläubige Mitglieder der Kommunistischen Partei werden, und bei einem Vorstellungsgespräch wird nicht mehr nach der religiösen Gesinnung gefragt.[100] Raúl Castro verurteilt 2011 die alte Denkweise und verweist auf den „‚schmerzlichen Fall' einer KP-Funktionärin [...], die trotz guter Arbeitsergebnisse wegen ihrer religiösen Ansichten entlassen wurde. Solche ‚Dummheiten' müssten der Vergangenheit angehören, forderte er.‟[101] Auch der Besuch von Papst Johannes Paul 1998 deutet eine schrittweise Annäherung an. Fidel Castro macht kleinere Zugeständnisse, wie eine erhöhte Anzahl von Priestern und die Wiedereinführung der Weihnachtsfeiertage.

---

98    Conde, Y. M.: Operation Pedro Pan, S. 57 ff.
99    Vgl. Ayorinde, C.: Afro-Cuban Religisity, Revolution, and National Identity, S. 101.
100   Vgl. ebd., S. 188.
101   Neuber, H.: Kuba will Gleichheit statt Gleichmacherei, http://www.ag-friedensfor-schung.de/regionen/Kuba/gleichheit.html, Stand: 12.1.2012.

# 4 Forschungsmethoden

## 4.1 Forschungsfrage

Die Idee Mediation auf Kuba zu untersuchen entstand während eines praxiso-rientierten Blockseminars zu Mediation in Deutschland. Die Professorin Frau Dr. Dr. Mayer hat ihrerseits Mediation in Tansania und Südafrika erforscht. Im Seminar kam die Problematik einer ethnozentristischen Haltung einiger For-schungen zur Sprache. Oftmals hat sich im akademischen Bereich ein westliches Modell etabliert an dessen Standard dann auch die Modelle nicht westlicher Kul-turen gemessen werden, was dazu führen kann, dass ihr Potential nicht wahr-genommen wird. Wie in Kapitel 1. 11 anhand der Dissertation von Herrn Prof. Dr. Busch erläutert, kann eine offene Herangehensweise dazu führen, dass sich die unterschiedlichen Modelle ergänzen und verbessern können. Diese Erkennt-nis führt die Forscherin zu der Frage, welche Art von Auseinandersetzungen und Konfliktlösungsstrategien sie während ihrer Aufenthalte auf Kuba erlebt hat und ob es dort Mediation oder vergleichbare Verfahren der Streitschlichtung gibt.

Trotz der *Relevanz* der Erforschung der kubanischen Konfliktlösungskultur gibt es hierzu noch keine Studien. Dabei nimmt Kuba in der Weltpolitik als einer der am längsten bestehenden sozialistischen Staaten eine herausragende Rolle ein. Über Kuba finden sich daher auch vielfältige Studien, welche fast alle Fachbe-reiche abdecken. In den letzten Jahren zeichnet sich eine Öffnung ab, mit der eine gesellschaftliche Veränderung einhergeht. Die ehemals egalitäre Gesellschaft teilt sich auf in diejenigen, die Zugang zu Devisen haben und solchen, denen diese ökonomische Stütze fehlt. Dennoch werden auf ideologischer Ebene die sozia-listischen Grundsätze beibehalten. Der Prozess dieser Veränderung mit den sich daraus ergebenden Widersprüchlichkeiten birgt durchaus Potential für Konflikte und ist daher für die Forschung sehr spannend.

In den internationalen Beziehungen tauchten kürzlich verschiedene Beispiele auf, in denen Spanien als Mediator zwischen Kuba und den USA betitelt wur-de, oder Vertreter der katholischen Kirche zwischen der Castro-Regierung und seinen politischen Gefangenen mediiert haben. Diese Ebene ist allerdings nicht Gegenstand der vorliegenden Studie. Die Fragestellung bezieht sich auf innerge-sellschaftliche Verfahren triadischer Konfliktbearbeitung:

- Gibt es auf Kuba Mediation?
- Wenn ja, an welchen Grundprinzipien orientiert sie sich?
- Ist es ein von der Gesellschaft anerkanntes Verfahren?

## 4.2 Qualitatives Forschungsdesign

Seit Jahren gibt es in den Sozialwissenschaften den Disput, ob nun die quantitativen oder die qualitativen Methoden besser seien. Da grundsätzlich beide Vorgehensweisen geeignet sind, sollten für die Wahl der Methoden der Forschungsgegenstand und das Erkenntnisinteresse den Ausschlag geben. Der vorliegenden Studie liegt eine deutliche Konzentration auf die qualitative Vorgehensweise zugrunde.

Der Forschungsbereich *Mediation auf Kuba* ist noch kaum erforscht. Der Pilotcharakter der Studie veranlasst die Forscherin, die Daten mit semi-strukturierten Interviews und teilnehmender Beobachtung zu erheben. So weit verfügbar werden Sekundärliteratur und Gesetzesentwürfe in die Auswertungen mit einbezogen. Statistiken über die quantitative Nutzung des Angebotes der Mediation konnten ebenso wenig ausgemacht werden wie Angaben zur Verbreitung und Nutzung psychologischer oder ähnlicher Beratungsdienste.

Der Annäherung an das Feld liegen phänomenologische und interpretative Denkmuster zugrunde. Besonders wichtig ist hierbei der epistemologische Ansatz des Konstruktivismus nach Berger/Luckmann. Die beiden Sozialwissenschaftler erläutern in ihrem Hauptwerk *Die gesellschaftliche Konstruktion der Wirklichkeit* vor allem zwei Grundvoraussetzungen: Zum einen ist alle Realität sozial konstruiert was bedeutet, dass jede subjektive Wahrnehmung eine Realität wiedergibt. Es existiert also nicht die eine rationale Wahrheit, sondern viele verschiedene Wahrnehmungen davon, die alle gleichermaßen gültig sind. Zum anderen ist das Interesse der Soziologie den Prozess der Konstruktion der Lebensrealitäten zu analysieren. Diese Analyse kann dann aufschlussreiche Anhaltspunkte für das Handeln des Subjekts im Alltag liefern.[102]

Laut Johnson ist die konstruktivistische Perspektive für die qualitativ strukturierte Datenanalyse ein wichtiges Element, da es darum geht, ein tieferes Verständnis der multiplen Realitäten der Forschungsobjekte zu erlangen.[103]

Das Vorgehen der vorliegenden qualitativen Studie ist dementsprechend explorativ und hypothesengenerierend. Das Ziel des tieferen Verständnisses wird durch den Ansatz der Dichten Beschreibung nach Clifford Geertz unterstützt, welcher auf der Grundlage eines semiotischen Kulturbegriffs beruht. Der Ethnologe versteht hierbei Kultur als ein vom Menschen selbst gesponnenes Bedeutungsgewebe welches ständig neu hergestellt und verwandelt wird. Kulturen können demnach wie Texte gelesen, analysiert und interpretiert werden. Seine Bedeutung liegt hier in der Abgrenzung der Ethnologie von den experimentellen

---

102  Vgl. Berger, P. L./Luckmann, T.: Die gesellschaftliche Konstruktion der Wirklichkeit.
103  Vgl. Johnson, B. R.: Exmining the validity structure of qualitative research, S. 282 ff.

Wissenschaften, da sie nicht nach allgemeinen Gesetzmäßigkeiten sucht, sondern eben nach der Bedeutung von Verhalten. Die Ethnologie ist somit eine interpretierende Wissenschaft. Eine phänomenologische Äußerung, wie die erhobene Hand, die nach links und rechts bewegt wird, bekommt ihren Sinnzusammenhang erst durch den *öffentlichen Code*, also dadurch, dass eine gesellschaftliche Einigung besteht, diese winkende Hand als Begrüßungs- oder Abschiedsgeste zu verstehen. Diese unterschiedlichen Sinnzusammenhänge können auch als unterschiedliche kulturelle Kontexte bezeichnet werden. Dabei ist die *Dichte Beschreibung* mehr als nur eine schlichte Beschreibung der Dinge. Reale Phänomene werden (eben) aus einer ganz bestimmten Perspektive betrachtet. Diese Perspektive, also die Rolle und Herangehensweise des Beobachters, muss in die Beschreibung mit aufgenommen werden, da seine Erwartungen und sein Hintergrundwissen unweigerlich die Daten beeinflussen. Die *Dichte Beschreibung* bedeutet also eine genaue Beobachtung und Beschreibung des Forschungsgegenstandes, genauso wie seine Deutung.[104]

## 4.3 Die Forscherin und ihr Feld

Die vorliegende Studie ist eine Studie, die im Rahmen eines zweimonatigen Forschungsaufenthaltes in Havanna (Kuba) durchgeführt wird. Externe finanzielle Mittel stehen hierbei nicht zur Verfügung. Der enge Bezug der Forscherin zu Kuba entwickelt sich während mehrfacher Studien- und Arbeitsaufenthalte und liegt der Realisierung des Vorhabens zugrunde.

Nach ihrem Bachelorabschluss im Oktober 2007 arbeitet die Forscherin für drei Monate in einem partizipativen Stadtteilprojekt in Santa Clara. Im Anschluss reist sie durch das Land und lernt in Havanna ihren Lebenspartner kennen. Im Rahmen ihres Masterstudiums organisiert sie für 2009/10 ein zweisemestriges Auslandsstudium an der Fakultät für Kommunikation in der kubanischen Hauptstadt und verbringt anschließend auch alle ihre Semesterferien dort. Durch die Beziehung zu ihrem Lebenspartner, zu dessen Familie, die sie sehr herzlich aufnimmt und zu ihrem mittlerweile sehr engen Freundeskreis erfährt sie viel über den kubanischen Alltag und die kulturellen Besonderheiten der sozialistischen Insel. Sie erlebt schwierige Gegebenheiten wie zum Beispiel Lebensmittelknappheit und Transportprobleme, ebenso wie den familiären Zusammenhalt und die Hilfsbereitschaft, die sich auch über die Familie hinaus findet. Auch während der Hurrikansaison 2008, in der die drei schweren Wirbelstürme Gustav, Ike

---

104 Vgl. Geertz, C.: Dichte Beschreibung, S. 28.

und Paloma die Insel verwüsten befindet sich die Forscherin auf der Insel. Die schlimmsten Naturkatastrophen seit der Geschichte der Revolution verwüsten neben zehntausenden Häusern auch viele produktive Strukturen des Landes. Überschwemmte Anbauflächen sorgen für extreme Lebensmittelknappheit. Für sie ist es hierbei besonders spannend die Krisenprävention mitzuerleben. Die Regierung schützt ihr Volk so gut es geht und stellt ihre Kompetenz in der Vorbeugung und Bewältigung von Krisen unter Beweis. Kuba verzeichnet nach den schweren Unwettern nur sieben Tote, während im Vergleich Haiti nach drei Wirbelstürmen über 600 Tote zu verzeichnen hat.[105]

Während der Kurse an der Universität vervollständigt sich das Bild über das Leben in diesem sozialistischen System, da außer dem inhaltlichen Input auch Einblicke in die Lern- und Arbeitsweise der Studenten, den organisatorischen Ablauf und die Hierarchiestrukturen zwischen Lehrenden und Lernenden gewonnen werden.

## 4.4 Forschungsbeginn

Die erste Literaturrecherche zur Studie wurde von Berlin aus durchgeführt. Dabei musste durchaus die eingeschränkte digitale Vernetzung auf Kuba beachtet werden. Das hängt vor allem mit dem 1962 von den USA verhängten Handelsembargo zusammen welches bis heute fortbesteht. Dies bedeutet unter vielen anderen einschneidenden Maßnahmen, dass Kuba gezwungen ist das Internet über den Satellitenzugang Europas zu nutzen, was die Verbindung langsam und teuer macht. Das ist ein Grund dafür, dass nur wenige Kubaner das Internet regelmäßig privat nutzen können. Darüber hinaus ist der Zugang staatlich geregelt und kontrolliert. Staatliche Institutionen und größere Konzerne sowie die Universität sind bemüht, zumindest ein Mindestmaß an Vernetzung zu gewährleisten.

Diese schwierigen Umstände werden von der Forscherin bedacht, als sie an ihrem Rechner zum ersten Mal die Worte *Mediation* und *Kuba* eingibt. Ihre Erwartung, wirklich einen Treffer zu landen, ist eher gering und sie geht nicht davon aus, dass die Recherche aus der Ferne die Realität wiedergibt. Sie ist jedoch erstaunt, auf der Seite der Handelskammer (*Cámara de Cuba* – Sitz in Havanna) zu lesen, dass hier Wirtschaftsmediation bereits seit 2007 institutionalisiert ist und als Alternative zu schiedsgerichtlichen Verfahren angeboten wird. Laut Satzung der Kammer liegt der Fokus auf Konflikten internationaler

---

105   Vgl. Henkel, K.: Zurück in die Spezialperiode, in: Lateinamerikanachrichten, Ausgabe 413 vom November 2008, S. 4f.

Handelsbeziehungen.[106] Sieben ausgebildete Mediatoren, die ausschließlich Anwälte sind, stehen hier zur Verfügung und werden namentlich erwähnt. Die Nutzung des Angebotes soll dadurch unterstützt werden, dass die Kosten nur 50% der üblichen Gerichtskosten betragen.[107] Weitere Kontaktdaten als die angegebenen Namen gibt es leider nicht.

Die Forscherin geht nun davon aus, dass es durchaus kubanische Mediatoren gibt, die ihren Beruf ausüben. Ihre Forschungsfragen werden dahingehend verändert und am Beginn der Forschungsreise nach Havanna formulieren sie wie folgt:

• In welchem Maße wird Mediation genutzt?
• Nach welcher Schule wird sie gelehrt und angewendet?
• Welchen zeitlichen Umfang haben Ausbildungen/Fortbildungen?
• Ist Mediation eine in der Gesellschaft bekannte und anerkannte Möglichkeit der Konfliktlösung?
• Wird Mediation neben dem wirtschaftlichen Sektor auch privat angeboten und genutzt?

Die Forschung beschränkt sich auf Havanna, da die Forscherin hier aufgrund ihres vorausgegangenen Studiums auf bestehende Kontakte zurückgreifen kann. Verglichen mit anderen kubanischen Städten hat die Hauptstadt eine besondere Stellung. Von den insgesamt 11 Millionen auf der Insel lebenden Kubaner leben nach offiziellen Angaben über 2 Millionen in der Hauptstadt. Nach inoffiziellen Schätzungen ist diese Zahl sogar weitaus höher (ca. 4 Millionen) da viele Menschen illegal in die Hauptstadt zuwandern. In Havanna ist die Versorgungslage oft besser, als in den kleineren abgelegenen Städten. Durch die vielen Touristen kommen hier die neusten Trends als erstes an und die Universität gilt als eine der größten und besten des Landes. Auch die internationalen Firmen siedeln sich vor allem in der Hauptstadt an. Deshalb müssen die Forschungsergebnisse, die für Havanna gelten, nicht zwingend die Situation im Rest des Landes wiedergeben.

## 4.5 Interviews und Sample

Zunächst versucht die Forscherin telefonisch an die Kontaktdaten der Mediatoren der Handelskammer zu gelangen, was nicht funktioniert. Erst als sie persönlich

---

106  Vgl. http://www.camaracuba.cu/index.php?option=com_content&view=article& id=76&Itemid=86t, Stand 5.9.2011.
107  Vgl. http://www.camaracuba.cu/index.php?option=com_content&view=article& id=77&Itemid=87, Stand 5.9.2001.

und unter Bezugnahme auf ehemalige Professoren anfragt, bekommt sie zögerlich die Telefonnummer einer Mediatorin, welche auch als Anwältin tätig ist. Das erste Telefonat ist eher nüchtern, da die Mediatorin mitteilt, die Wirtschaftsmediation auf Kuba existiere nur auf dem Papier. Zwar ist sie grundsätzlich zu einem Interview bereit (obwohl sie immer wieder betont, dass nicht viel zu erzählen sei), aber aufgrund ihres dreiwöchigen Urlaubes verschiebt sich dieses bis auf weiteres. Die Urlaubsproblematik stellt sich noch weitere Male, da der Forschungsaufenthalt genau in der (Schul-)Ferienzeit Kubas liegt. Von den sieben Mediatoren der Handelskammer befinden sich noch dazu drei derzeit im Ausland. Nach diesen anfänglichen Schwierigkeiten kann zunächst ein Anwalt, der eine Ausbildung zum Mediator an der Handelskammer absolviert hat für ein Interview gewonnen werden.

Die Forscherin beschließt, für weitere Kontaktdaten das *snowball sampling* anzuwenden. Der erste Interviewpartner kann als Experte auf dem Gebiet Mediation bezeichnet werden, da er durch seine Ausbildung tief in der Materie drinsteckt und sich als Anwalt vor allem mit Wirtschaftsmediation beschäftigt. Er gibt der Forscherin Empfehlungen für weitere Interviewpartner. Von den neuen Kontakten ist eine weitere Person erreichbar. Sie erklärt sich zu einem Interview bereit, dies kann allerdings aufgrund seines vollen Terminkalenders erst ca. 10 Tage später stattfinden.

Der praktizierende Mediator ist perfekt für das Interview geeignet, da er sich schon seit seinem Auslandsstudium mit Mediation auseinandersetzt. Er bietet Mediationsfortbildungen an der Universität von Havanna an und kann auch auf weitreichende Praxiserfahrungen im Ausland blicken. Außerdem hat er eines der wenigen Bücher über Mediation geschrieben, die von einem kubanischen Verlag gedruckt wurden. Auch dieser Gesprächspartner zeigt sich bereit, mögliche Interviewpartner weiterzuvermitteln. Daraus ergibt sich ein Interview, welches mit zwei Frauen gleichzeitig geführt wird. Auch diese Beiden haben neben ihrem Psychologiestudium verschiedene Fortbildungen im Bereich Mediation (eine auch mit einem Auslandstipendium in Spanien) gemacht und an diversen Kongressen zu diesem Thema teilgenommen. Aus einer Eigeninitiative heraus bieten sie ihre Dienste der interpersonalen Mediation in einem Beratungszentrum an. Nachdem der erste Einstieg in das Feld eher schwierig und die anfängliche Kontaktaufnahme langwierig ist, gibt es nun ein paar weitere mögliche Interviewpartner. Am Ende fehlt allerdings die Zeit da alle Interviewpartner erst nach mehr als einer Woche zur Verfügung stehen.

Insgesamt werden schließlich drei Interviews geführt. Alle Interviewpartner leben und arbeiten hauptsächlich in Havanna. Unter den Gesprächspartnern finden sich zwei Frauen und zwei Männer im Alter zwischen 35 und 55 Jahren.

Sie sind alle weiß und gehören dem Bildungsbürgertum an – hier muss man allerdings bedenken, dass dies auf die große Mehrheit der Kubaner zutrifft, da der Zugang zur Bildung für alle gleichermaßen gewährleistet ist.

## 4.6 Spezielle Forschungssituation auf Kuba

Kuba ist ein Land, in welchem aufgrund seines politischen Systems und seiner geographischen Lage eine besondere Forschungssituation besteht. Dies hatte auf das Forschungsvorhaben verschiedene Auswirkungen. Von der Kontaktaufnahme zu möglichen Interviewpartnern bis hin zur Interviewsituation selbst galt es unerwartete Hürden zu bewältigen: Die Infrastruktur für Telefon und Internet ist nur schwach ausgebaut. Zwar haben fast alle Büros einen Telefonanschluss, aber die wenigsten privaten Haushalte sind mit einem Telefon ausgestattet. Mittlerweile gibt es auch ein ausgebautes Handynetz, allerdings sind die Gesprächskosten hierfür sehr hoch, so dass viele nur über Kurzmitteilungen kommunizieren, oder ein System von Codes benutzen, in der die Anzahl der entgangenen Anrufe eine Bedeutung beinhaltet (z. B. einmal = ja, zweimal = nein usw.). Handybesitzer beantworten selten Anrufe von Unbekannt, da der Angerufene die hohen Kosten trägt und nicht wie in Deutschland der Anrufer. Alle diese Aspekte müssen bei der Kontaktaufnahme beachtet werden. Auch der Forscherin steht in ihrer Wohnung kein Telefonanschluss zur Verfügung sondern nur ein Mobiltelefon. Viele Gespräche führt sie daher von öffentlichen Telefonzellen aus. Hierbei muss sie sich oft auf längere Wartezeiten einstellen, da diese auch von vielen Kubanern für ausführliche Gespräche genutzt werden. Mehr als einmal kommt sie mit ihrem Anruf nicht durch oder ihr Gesprächspartner befindet sich gerade in der Mittagspause oder im Urlaub. Dies führt dazu, dass die Anfangsphase der Forschung weitaus länger dauert als erwartet.

Dazu kommt, dass der Forscherin am Telefon ein gewisses Misstrauen entgegen gebracht wird. Teilweise lässt sich das auf die Geschichte des Landes zurückführen. Seit der kubanischen Revolution 1959 und der Bekennung zum Sozialismus 1961 muss sich Kuba konstant gegen konterrevolutionäre Bestrebungen behaupten. Vor allem die internationale Berichterstattung über den kubanischen Alltag ist oft geprägt von einer Ablehnung gegenüber dem als bürokratisch-autoritär geltenden Staat.[108] Dies führt dazu, dass viele Kubaner sehr vorsichtig damit sind was sie Außenstehenden über ihr Land erzählen, oft aus Angst, dass ihre Aussage falsch verstanden und für eigene Interessen manipuliert wird. Auch hat die kubanische

---

108  Vgl. Burchardt, J.-H.: Kuba, S. 189.

Regierung aufgrund ihrer Erfahrungen mit Untersuchungen, die dann für die negative Berichterstattung genutzt werden, ein System starker Restriktion und bürokratischer Kontrolle entwickelt. Die distanzierte und manchmal auch ablehnende Haltung bei den Kontaktversuchen kann auch darin begründet sein, dass die Befürchtung besteht, das Interview könne unerlaubt, also nicht im Sinne der Partei sein. Die Forscherin hofft, dass sie dem Misstrauen durch persönliches Erscheinen entgegenwirken kann und dass ihr kubanischer Dialekt ihr letztendlich zu einigen Interviewpartnern verhilft.

## 4.7 Datenerhebung

### 4.7.1 Leitfadengestützte Experteninterviews

Die vorliegenden Interviews werden alle mit einem offenen Gesprächsleitfaden geführt, um sowohl der Interviewerin als auch den Befragten viel Spielraum für die Fragen und Antworten zu gewährleisten. Orientiert wurde sich hierbei an den theoretischen Überlegungen der Sozialwissenschaftler Gläser/Laudel. Ihr Werk liefert einen stark an der Praxis orientierten Überblick über die Vorgehensweise bei Experteninterviews. Am Beispiel einer Studie werden Standards theoretisch erläutert, was besonders für Einsteiger in die sozialwissenschaftliche Forschungsarbeit eine große Hilfe ist. Die semi-strukturierten Interviews sind vor allem bei inhaltsorientiertem Erkenntnisinteresse eine gute Variante. Da es sich bei den Befragten um Experten handelt und das Interview zur Rekonstruktion sozialer Prozesse beitragen soll, dienen die Fragen nur als Gesprächsimpuls. In einer offenen Atmosphäre können Themen angesprochen werden, die bei einem festen Fragekatalog unter Umständen nicht zur Sprache gekommen wären. Die Fragen sollten möglichst offen formuliert sein, damit der Experte nach seinem Wissens- und Interessensstand antworten kann. Dennoch ermöglicht das leitfadengestützte Interview, einzelne, vorher festgelegte Informationen erheben zu können, so dass die Interviews auch untereinander verglichen werden können). Theoretische Vorüberlegungen zum Thema sollten unbedingt bei der Erstellung des Fragenkatalogs berücksichtigt werden.[109]

In den geführten Gesprächen wird den Interviewpartnern klar vermittelt, dass alle Daten streng anonymisiert werden, damit keine Rückschlüsse auf die Person gezogen werden können. Die Forscherin vermutet, dass dies nicht ausreicht und spürt die Angst, durch die Tonaufnahme könnten irgendwelche problematischen Konsequenzen entstehen. Zwei der Interviewpartner wollen nicht

---

109 Vgl. Gläser, J./Laudel, G.: Experteninterviews und qualitative Inhaltsanalyse, S. 111 ff.

aufgenommen werden. Bei diesen Interviews werden anschließend Gedächtnisprotokolle angefertigt. Ein Gespräch wird mit zwei Frauen gleichzeitig geführt, dieses kann aufgezeichnet werden.

## 4.7.2 Transkription

Um die Nachvollziehbarkeit des Interviews für den Leser zu gewährleisten, wird eine präzise Transkription durchgeführt. Auch die Gedächtnisprotokolle sind so angefertigt, dass der Gesprächsverlauf deutlich wird. Die Texte werden von der Forscherin vom Spanischen ins Deutsche übersetzt. Ihr Fachsprachenzertifikat ermöglicht ihr eine qualitativ gute Übersetzung anzufertigen. Durch ihre Auslandsaufenthalte auf Kuba versteht sie sowohl den kubanischen Dialekt als auch die spezielle Umgangssprache Havannas. Alle Transkriptions- und Übersetzungsarbeiten werden von der Forscherin durchgeführt, was ihr erlaubt, sich Zusatzinformationen wie die Atmosphäre, Unterbrechungen oder nonverbale Kommunikation erneut in Erinnerung zu rufen. Dies würde bei einer Fremdtranskription eventuell verloren gehen.

Da das Erkenntnisinteresse nicht im linguistischen, sondern im inhaltsanalystischen Bereich liegt, sind Transkriptionsregeln nach Frau Christa Hoffmann-Riem[110] angewandt. Ihre Basistranskription ist sehr übersichtlich, was vor allem für den Schreib- und Lesefluss vorteilhaft ist. Außerdem wird hierbei auch der Prozess der Interpretation vereinfacht.

## 4.7.3 Triangulation

Parallel zu den Interviews wird auch Sekundärliteratur in die Analyse der Daten einbezogen. Darunter befinden sich auch verschriftlichte Mediations-Simulationen zu Übungszwecken und der Gesetzesentwurf der Wirtschaftmediation von 2007.

Um die Triangulation der Daten zu gewährleisten, werden Beobachtungsprotokolle hinzugezogen, die von der Forscherin während ihres Aufenthaltes angefertigt wurden. Diese wurden allgemein gehalten, da es zum Zeitpunkt der Erstellung noch keine Ergebnisse hinsichtlich der Forschungsfragen gab und sie hier möglichst offen Informationen zur kulturellen Lebensrealität der Kubaner sammeln wollte.

---

110   Vgl. Hoffmann-Riem, C.: Das adoptierte Kind, S. 331.

## 4.8 Datenanalyse

Um die Transparenz des Prozesses der Datenanalyse zu gewährleisten, wird nach dem 5-Stufen-Modell Blanche, Durrheim und Painter vorgegangen.

Nach Verständnis der Psychologen ist der Übergang von der Datensammlung zur Datenanalyse fließend. Die Analyse basiert auf interpretativen Annahmen und dem sozialen Konstruktivismus. Der Schlüssel einer guten interpretativen Analyse ist, so nah wie möglich an den vorliegenden Daten zu bleiben. Ein emphatisches Verstehen setzt voraus, das alle Aspekte – Charakteristikum, Prozesse, Transaktionen und Kontexte des Forschungsgegenstandes, ebenso wie die Rolle des Forschers – in die Analyse mit einbezogen werden.

Laut Blanche, Durrheim und Kelly sollte das Ziel einer qualitativen Forschung sein, das Fremde so zu behandeln, als wäre es vertraut und das Bekannte, als wäre es fremd.[111]

Der Prozess der Datenanalyse ist ein ständiges Vor- und Zurück zwischen Fremdem und Bekanntem, zwischen der Beschreibung und ihrer Interpretation, zwischen dem Vordergrund und dem Hintergrund, den einzelnen Details und dem Bezug zum Ganzen. Dabei sollte der Forscher nah genug am Text bleiben damit die Leser seine Interpretationen wieder erkennen können, aber weit genug weg, damit eine neue Perspektive beleuchtet werden kann. Auf die fünf einzelnen Stufen soll im Folgenden näher eingegangen werden.

### 4.8.1 Stufe 1: Einarbeiten und Eintauchen

In diesem Schritt geht es zunächst darum, sich mit seinen gesammelten Daten vertraut zu machen. Der Forscher soll durch mehrmaliges Durchgehen seiner Schriften tief darin eintauchen, dabei Notizen z. B. in Form von Mindmaps machen, bis er sich gut darin auskennt und zurechtfindet.[112]

### 4.8.2 Stufe 2: Ableitung genereller Themen/Themenentwicklung

Nun können generelle Regeln von speziellen Belegstellen abgeleitet werden, aus denen dann die Kategorien formuliert werden. Hierbei sollte man darauf achten, in der Sprache der Interviewpartner zu bleiben und sich nicht dazu verleiten lassen, akademische Ausdrücke abzuleiten. Außerdem sollten bei diesem Schritt die Gegebenheiten auf Prozesshaftigkeit, Widersprüche etc. hin

---

111  Vgl. Blanche, M. T./Durrheim, K./Kelly, K.: First steps in qualitative data analysis, S. 321, in: Blanche, M. T./Durrheim, K./Painter, Desmond: Research in Practice.
112  Vgl. ebd. S. 322 f.

untersucht werden. Zwar sollte man sich hierbei einerseits nicht zu früh auf ein System festlegen, aber andererseits auch nicht den eigentlichen Fokus der Arbeit verlieren.[113]

### 4.8.3 Stufe 3: Kodierung der Daten

Als nächstes werden die Daten kodiert, wobei verschiedene Abschnitte für mehrere der Themen relevant sein können. Neben Computerprogrammen gibt es auch die Möglichkeit, die Texte auszudrucken und die relevanten Absätze auszuschneiden und den Kategorien zuzuordnen. In dieser Arbeit entscheidet sich die Forscherin gegen ein Computerprogramm, da diese vor allem bei vielen Interviews sinnvoll sind. Sie hat in einem Worddokument die interessanten Stellen kopiert und dann den Kategorien zugeordnet. Der Datenkorpus wird also in bedeutungsvolle Stücke zerlegt, welche dann den Rubriken zugeordnet werden. Nun können die Cluster miteinander verglichen, in Beziehung gesetzt und analysiert werden. Die Themen können sich während des Kodierungsprozesses ändern, da der Forscher ein immer tieferes Verständnis entwickelt und neue Erkenntnisse über ihre Beziehung zueinander bekommen kann. Die Kodes sollten also nie als fest und unveränderbar gedacht werden.[114]

### 4.8.4 Stufe 4: Ausarbeitung der Kodierung

Normalerweise geht man während der Analyse die Daten chronologisch durch. In diesem Schritt kann die Auflösung der Chronologie, die sich aus der Zerstückelung des Textes ergibt, dazu führen, dass verschiedene Aspekte, die vorher räumlich und zeitlich voneinander getrennt waren, miteinander in Verbindung gebracht werden können. Durch den frischen Blick können die Kategorien weiterentwickelt und das Kodierungssystem verfeinert werden. Auch sollte der Forscher den Mut haben, das ganze Kodierungssystem zu überdenken und falls notwendig zu Schritt 3 zurückzukehren. Nichtsdestotrotz gibt es nicht das eine wahre Strukturierungssystem, mit den verschiedenen Möglichkeiten sollte herumgespielt und ausprobiert werden, bis man das Gefühl hat, sich in seinen Daten auszukennen. Auch sollte mit dem Kodieren, Ausarbeiten und Rekodieren solange weitergemacht werden, bis keine neuen Erkenntnisse mehr auftauchen werden.[115]

---

113  Vgl. Blanche, M. T./Durrheim, K./Kelly, K.: First steps in qualitative data analysis, S. 323 f., in: Blanche, M. T./Durrheim, K./Painter, Desmond: Research in Practice.
114  Vgl. ebd. S. 324 ff.
115  Vgl. ebd. S. 326.

### 4.8.5 Stufe 5: Interpretation und Kontrolle

Als letztes werden die Phänomene, die herausgearbeitet wurden, schriftlich dargestellt. Hierbei können die thematischen Kategorien auch zu Unter-Rubriken werden. Die Interpretationen werden ein weiteres Mal nach schwachen Stellen durchsucht, z. B. nach Aussagen, die den vorhandenen Interpretationen widersprechen. Auch sollten Stellen, die lediglich einen zusammenfassenden Charakter haben, überdacht und Überinterpretationen vermieden werden. An dieser Stelle sollte auch die Rolle des Forschers reflektiert werden. Wie schon erwähnt, kann keiner mit einer absoluten Objektivität ein Feld erkunden, doch ist es unabdingbar, den eigenen, die Arbeit beeinflussenden Zugang, zu finden.[116]

Das 5-Stufen-Modell entwickelt durch seinen regelgeleiteten und durchstrukturierten Charakter die *Dichte Beschreibung* von Geertz weiter. Des Weiteren ist die Datenanalyse ein subjektiver Prozess zwischen dem Text und der Person die kodiert. Durch die Befolgung dieser Regeln und Bestimmungen kann Überprüfbarkeit erreicht werden, da sie das Vorgehen der Forscher für die Leser nachvollziehbar machen.

In der vorliegenden Forschung wird nach diesen Maßstäben kodiert, analysiert und rekodiert. Hierbei sollten fünf grundlegende Qualitätskriterien erreicht werden: Verformbarkeit, Glaubwürdigkeit, Übertragbarkeit, Zuverlässigkeit und Vertrauenswürdigkeit.

Durch die Qualität der Daten sind dies Kriterien, mit denen die qualitative Studie vom Leser gelesen und beurteilt werden soll. Gleichzeitig muss gewährleistet sein, dass sich der Leser seine eigenen Gedanken zur Forschung machen kann.

Laut Johnson spielt der Konstruktivismus bei qualitativen Studien eine wichtige Rolle, da er die Datenanalyse erleichtert und für ein besseres Verständnis der multiplen Realitäten der Forschungsobjekte sorgt.

## 4.9 Grenzen der Studie

Die vorliegende Forschung kann aufgrund ihres qualitativen Charakters und ihrer zeitlichen und finanziellen Beschränkungen keine generalisierenden Rückschlüsse ziehen. Vor allem die besondere Situation Kubas, die dazu führt, dass die Forscherin während ihres Aufenthaltes nur 3 Interviews führen kann, legt nahe, dass die Schlussfolgerungen nur im Bezug auf ihren spezifischen Kontext

---

116  Vgl. Blanche, M. T./Durrheim, K./Kelly, K.: First steps in qualitative data analysis, S. 326, in: Blanche, M. T./Durrheim, K./Painter, Desmond: Research in Practice.

verstanden werden können. Die Ergebnisse der explorativen Pilotstudie müssen als Teil des komplexen Untersuchungsfeldes gewertet werden, in dem subjektive Berufserfahrungen und Lebenssichten Anhaltspunkte für die Meta-Ebene liefern. Nichtsdestotrotz ergeben sich durch die Erforschung unterschiedlicher Perspektiven interessante Erkenntnisse, welche neue Forschungsfragen eröffnen und weiterführende Studien nahelegen, die mit einem größeren Forscherteam, mehr Zeit und finanziellen Mitteln angelegt werden sollten.

# 5 Ergebnisse

Während der Datenanalyse entstanden insgesamt zehn Kategorien. Daraus bildeten sich die sechs Hauptkategorien *Geschichte, Merkmale und Verständnis von Mediation, Qualität, Kritik an der Qualität, Selbstbild und Wertschätzung*. Weiterhin wurden vier Unterkategorien gebildet. Dabei sind *Verbreitung* und *Institutionalisierung* den strukturellen Aspekten zuzuordnen. Die Kategorien *Freund und Feindbild* und *Individualismus/Kolektivismus* werden als kulturelle Aspekte betrachtet. Bei der Datenanalyse stellte sich heraus, dass einige Kategorien einen deskriptiven Charakter haben und andere mehr in die interpretative Richtung gehen. Zu Beginn wird die deskriptive Ebene beleuchtet, da durch sie deutlich wird, zu welchem Zeitpunkt und in welchem Kontext die ersten Kontakte mit Mediation gemacht werden. Darüber hinaus beschreiben sie auch den Ist-Zustand. Auf der interpretativen Ebene werden durch die ausgewählten Zitate der Interviews vor allem Einblicke in die praktische Anwendung des Mediationsverfahrens gewonnen und geschaut, inwieweit das theoretische Konzept in die kubanische Lebensrealität eingebettet wird. Die Argumentationslinie verändert sich hierbei, da nicht mehr nur beschreibende Aussagen getroffen, sondern die eigenen kulturellen Besonderheiten herausgearbeitet werden. Einen Einfluss hat hierbei bestimmt auch die Tatsache, dass die Interviewerin aus einem anderen Kulturkreis kommt, und sich die Interviewpartner daher womöglich zu Erklärungen veranlasst sahen.

## 5.1 Geschichte

Die ersten Begegnungen mit dem Mediationsverfahren finden in den frühen 90er Jahren in der Hauptstadt Havanna im universitären Kontext statt. Der Lehrgang, welcher das Interesse einiger Kubaner an der alternativen Konfliktlösungsstrategie weckt, wird von dem US-amerikanischen Mediator Kenneth Cloke abgehalten. Cloke, der selber Jura studiert hat, wird von der juristischen Fakultät der Universität Havannas für den Lehrgang eingeladen.

> *„1993 beginnt mit dem ersten Aufbaustudium in Mediation, dass diese Alternative zur Kenntnis genommen wird. Bis zu diesem Zeitpunkt hatten nur Wenige das Thema erkundet. (...) Also, als der Mediator namens Kenneth Cloke einen Lehrgang zum Thema Mediation in Havanna abgehalten hat, kam uns drei Professoren der juristischen Fakultät*

*der ‚Universidad de la Habana' die Idee, ihre Realisierbarkeit zu ergründen, und so begann die erste strukturierte Untersuchung seitens der Akademie.*"[117]

Nach diesem ersten Kontakt, „*(...) ging es vor allem darum, zu sehen, ob die Mediation in Kuba genutzt werden kann. Das Konzept hat gefallen, da es eine Alternative darstellt.*"[118] Zu diesem Zweck wird zunächst eine Umfrage durchgeführt. „*Während der Spezialperiode in den Jahren 1995/96 gab es erste Studien, um herauszufinden, ob die Mediation für Kuba geeignet ist. Es wurden über 6000 Leute befragt und 85 % betrachteten sie als brauchbar und notwendig.*"[119] Da eine große Mehrheit der Befragten Mediation nicht nur als brauchbar, sondern auch als notwendig ansehen, liegt eine weitere Auseinandersetzung mit Mediation nahe. Bis zu diesem Zeitpunkt ist auf juristischer Ebene der gesetzlich geregelte Rechtsstreit vor Gericht die übliche Vorgehensweise mit Konflikten.

> „*Bei einer Schiedsgerichtsbarkeit bereitet der Anwalt einen Rechtsstreit und das Schiedsverfahren vor. Das sind geregelte Bahnen, die Bedingungen unter denen ein Vertrag abgeschlossen wird. Wenn es nun also Probleme mit dem Vertrag gibt, geht man einfach vor das Schiedsgericht und fertig.*"[120]

Der Interviewpartner, ein ausgebildeter Anwalt und Mediator, beschreibt seine Erfahrung folgendermaßen: „*Mein ursprüngliches Bild war auch der Rechtsstreit und nichts weiter. Aber als ich eine mögliche Alternative sah, wollte ich sie kennen lernen.*"[121] Nachdem er die Alternative Mediation kennengelernt und sogar eine Ausbildung dafür gemacht hat, beobachtet er den Unterschied. „*Die Kubaner sind an den Gerichtshof oder das Schiedsgericht gewöhnt. Ich klage dich an und Schluss. Als Mediator fühlt man sich ergebnisorientierter.*"[122] Er sieht in dem neuen Verfahren die Chance zu offeneren Lösungswegen, während bei einer Anklage die Bereitschaft zur Kommunikation eher eingeschränkt sei. Die Worte „und Schluss" suggerieren, dass es nicht viel zu diskutieren gibt und der Richter das letzte Wort haben wird. Seines Erachtens kann ein Mediator viel ergebnisorientierter arbeiten als ein Anwalt, der nicht auf diese Techniken zurückgreifen kann.

Auch die Eindrücke des folgenden Interviewpartners gehen in diese Richtung. Er kennt Anwälte, denen ihre Erfahrung mit Mediation als Handwerkszeug in der Ausübung ihres Berufes dient.

---

117  Interview 2, S. 1–2.
118  Interview 2, S. 1.
119  Interview 2, S. 1.
120  Interview 2, S. 5.
121  Interview 1, S. 2.
122  Interview 1, S. 3.

*„Es gibt einige Anwälte aus verschiedenen Gemeinschaftskanzleien unterschiedlichster Regionen, welche ihre Erfahrungen mit Mediation als Teil des Austauschs mit den Anwälten der Gegenposition anwenden, und die sie als hilfreiche Bereicherung für ihre Prozesse wahrnehmen. Es gibt sehr ernstzunehmende Versuche in Villa Clara, Mayabeuqe und Artemisa.“*[123]

Des Weiteren wird erwähnt, dass es auch in verschiedenen Provinzen Kubas Versuche gibt, Mediation als Konfliktlösungsstrategie einzuführen. Fokus der vorliegenden Studie ist die Hauptstadt Havanna, da alle Interviewpartner hier leben und arbeiten. Auf die Frage, welche Rolle die Großstadt hierbei spielt und inwieweit die Ergebnisse auch die Entwicklung anderer kubanischer Städte repräsentieren, antwortet der Interviewpartner: *„Na ja sagen wir mal so, Havanna ist hierbei der Impulsgeber, der Ort wo es zum ersten Mal institutionalisiert wurde.“*[124] Mittlerweile ist die Wirtschaftsmediation als Alternative zu schiedsgerichtlichen Verfahren seit 2007 institutionalisiert[125] und in *„(…) der Handelskammer gibt es sieben Mediatoren, welche sehr gut vorbereitet sind, alle kommen aus unterschiedlichen Berufsgruppen.“*[126] Diese Mediatoren bieten ihre Dienste nebenberuflich an.

*„Es gibt viele Verbindungen unter den Mediatoren, auch wenn sich die Arbeitsplätze teilweise voneinander unterscheiden. (…) Es gibt Sitzungen, gemeinsam werden Veranstaltungen organisiert, wird an Aktivitäten über die Mediation teilgenommen. (…) Außerdem kostet eine Mediation nur 50% eines Schiedsverfahrens.“*[127]

Allerdings gibt es trotz des finanziellen Vorteils bisher in diesem Rahmen *„(…) noch keine offizielle Mediation. Es gab nur Übungen und Simulationen.“*[128]

Bei der interpersonalen Mediation ist die Situation eine andere, denn in *„(…) Kuba ist die interpersonale Mediation noch nicht legitimiert.“*[129] Trotz fehlendem institutionellem Rahmen findet Mediation in folgendem Kontext Anwendung: *„Heutzutage gibt es nun also zehn bis zwölf Personen in der ‚Casa de Orientación de la Mujer y de la Familia‘ (Beratungsstelle für Frauen und Familien), welche mit*

---

123  Interview 2, S. 2.
124  Interview 2, S. 2.
125  Vgl. http://www.camaracuba.cu/index.php?option=com_content&view=article&
      id=76&Itemid=86.
126  Interview 2, S. 2.
127  Interview 1, S. 1–2.
128  Interview 1, S. 2.
129  Interview 2, S. 5.

*der Mediation arbeiten.*"[130] Auf universitärer Ebene besteht die Möglichkeit sich zum Mediator ausbilden zu lassen.

> *„Es gibt zwei Formate. Das Eine umfasst 60 Stunden und das Andere 120. Es kommt eben darauf an, wie der Studiengang aufgebaut ist. Es gibt auch ein Stipendium welches acht Monate dauert und die drei Bereiche Gemeinschafts- (im öffentlichen Bereich), Familien- und Wirtschaftsmediation abdeckt."*[131]

Aber auch die kubanische NRO *Zentrum Félix Varela* spielt in der Verbreitung der Mediation eine wichtige Rolle. Hier werden außeruniversitäre Trainings und Wochenendseminare angeboten, zu welchen nach Möglichkeit auch ausländische Spezialisten eingeladen werden.

> *„(…) wir haben verschiedene Fortbildungen im Zentrum gemacht. Das Zentrum Félix Varela hat einen Professor aus Kanada, /eh/ einen Argentinier ........*
>
> *\*[132]Ja, aus Argentinien ja, aber (kürzlich?) ja aus Kanada ().*
>
> *\*Größtenteils eigentlich aus Kanada. Nun, im Fall von Claudia, die Kollegin die mit uns arbeitet und heute nicht kommen konnte, das erste Mal, dass sie über Mediation geredet hat, war während ihres Psychologie-Studiums mit einer Professorin namens Mara Fuentes, die ein Buch über die Konfliktmediation geschrieben hat."*[133]

Das Zentrum kann durch die finanzielle Unterstützung der *Canadian International Development Agency* auch Bücher über Mediation publizieren und günstig verkaufen. So wird sowohl das Buch der kubanischen Pychologie-Professorin Mara Fuentes veröffentlicht als auch das der kanadischen Doktorin Cheryl A. Picard.

> *„Das Zentrum hat dieses Buch von Cheryl übersetzt, das handelt von Vorschulkindern und Jugendlichen. Das wurde dann hier verkauft und die Leute waren sehr daran interessiert, auf die Bücher zugreifen zu können. Und danach hat dann das Zentrum Cheryl hergeholt und sie hat ihr Training mit einer Gruppe von Leuten gemacht (…)."*[134]

Eine der Interviewpartnerinnen schildert, wie ihr erstes Mediationstraining des Zentrums sie animiert hat damit weiter zu machen.

> *„Von da an, also das Training war sehr, sehr, sehr intensiv für mich, sehr intensiv und ist in () gegangen /eh/ ich dachte da am nächsten Tag, dass man das doch irgendwie ausnutzen muss und so hab ich mit Fortbildungen weitergemacht und gelernt und mich über*

---

130   Interview 2, S. 2.
131   Interview 2, S. 7–8.
132   Im Interview 3 wurden zwei Personen gleichzeitig befragt. Bei Zitaten aus diesem Gesprächsverlauf wird mit dem Sternchen * ein Sprecherwechsel gekennzeichnet.
133   Interview 3, S. 3–4.
134   Interview 3, S. 7.

*Mediation ausgetauscht und versucht sie auszuüben, also sie in die praktische Anwendung zu bringen. Also gut, das war eine ·· war eine, ein Versuch mit wenig (), um den Service der Mediation anzustoßen. (…) Weil es [das COAP, Anmerkung der Autorin] eben auch die minimalen Grundvoraussetzungen hatte, um das hier umsetzen zu können. Und /eh/ und das Angebot der Mediation war eben welcher uns drei animiert hat, ich hatte vor den Dienst anzubieten, vielleicht war das auch ein bisschen mein eigenes Interesse, aber auch weil es eben zum Charakter dieses Ortes passt, welches ja genau eine Stelle für solche Dienstleistungen ist und wie es gerade steht hat eben mit dem recht jungen Stand der Forschung zu tun. Das ist ein Zentrum, schreib das ruhig auf, der psychologischen Fakultät der Universidad de la Habana, was ich noch nicht erwähnt habe weil nicht, weil es für mich so offensichtlich ist, dass ich dachte ich muss es dir nicht sagen.“*[135]

Durch das Zitat wird deutlich, dass die Interviewpartnerin sich gerne im Bereich Mediation fortgebildet hat. Sie hat nun das Bedürfnis ihr erlerntes Wissen auch anwenden zu können. Zu diesem Zweck nutzt sie ihre Kontakte zu der psychologischen Beratungs- und Betreuungsstelle *COAP* (*Centro de Orientación y Atentación Psicológica*). Gemeinsam mit zwei Freundinnen, die auch verschiedene Fortbildungen und Trainings der Mediation mitgemacht haben, entschließen sie sich, in den Räumlichkeiten der Beratungsstelle ihre Dienste als Mediatorinnen anzubieten. Eine der beiden ist auch beim Interview anwesend. Auf die Frage nach ihrer Motivation, erläutern sie ihre Eigeninitiative:

*„Ja, das war unsere eigene Motivation. Das war kein …….*

*\*Das war keine institutionelle Anfrage oder ().*

*\*Auch nicht die vom Varela, was uns ja als Zentrum ausgebildet hat.“*[136]

Die Idee, im Rahmen des *COAP* Mediation anzubieten entsteht also nicht aus einem allgemeinen Bedarf oder aufgrund einer institutionellen Anfrage sondern aus der Überzeugung, dass diese alternative Konfliktlösung nützlich und sinnvoll ist. Die Dienste werden neben dem Hauptberuf angeboten, da sie kein Geld dafür beziehen.

*„Es ist so, wir arbeiten ja nicht Vollzeit. Das ist ja nicht unsere Arbeit. Das ist wie /eh/ ein F r e i w i l l i g e n d i e n s t, eine Mitarbeit oder sowas in der Art. (…) Nein. Wir verdienen nichts hierfür, und hier arbeiten wir auch nicht von Montag bis F r e i t a g.“*[137]

Sie wollen nicht einschränken, für wen die Dienste angeboten werden, haben aber z. B. Respekt davor, zwischen Institutionen zu vermitteln.

---

135   Interview 3, S. 1.
136   Interview 3, S. 3.
137   Interview 3, S. 22.

*„Mal sehen, prinzipiell /eh/ arbeiten wir mit Familien. Nichtsdestotrotz/allerdings /eh/ da wir ja gerade erst anfangen und uns nicht einschränken wollen, da (…) Eigentlich mit unterschiedlicher vorgehender Erfahrung. In der Art und Weise, wie wir uns auf dieses Projekt konzentrierten, also das Programm der Mediation hier (vor Ort), haben wir es nicht auf den familiären Bereich eingegrenzt. Wir dringen sogar /eh/ gerade in die Institutionen ein, also ein anderer als der familiäre Bereich. In einer pädagogischen Einrichtung in (Baroa?) wollen wir durch einige Aktivitäten erreichen, dass eine Gruppe ortsansässiger Studenten und Professoren langfristig ein Angebot für Konfliktmediation für Personen die mit … zu tun haben, anbieten. Um also im schulischen Bereich weiter zu machen, oder im institutionellen, je nachdem welchen Blickwinkel man einnimmt, ne. /Eh/ und außerdem arbeiten wir mit den Leuten der Aidshilfe zusammen, welche eine Vertretung in den Sanatorien haben, wo Menschen zusammenleben, die seit einigen Jahren mit HIV leben und welches eben aus diesem Gesichtspunkt eine Gemeinschaft darstellt, denn es sind Menschen die dort leben, die Dinge teilen, welche Probleme des Zusammenlebens haben und dabei aber keine Familie sind. Also eigentlich nicht, ·· das heißt ja, wir wissen schon ein bisschen welche Bereiche uns mehr Arbeit kosten, weil sie nicht den () durch eine schon gemachte Erfahrung haben. Zum Beispiel im institutionellen Rahmen () das heißt Konflikte zwischen /eh/ Institutionen, welche nichts mit unserem beruflichen Werdegang oder so zu tun haben (…)."*[138]

Ihre Vision bezieht sich nicht nur darauf, selber Mediation anzubieten. Sie regen an, dass, Konfliktmediation langfristig ins Lehrangebot aufgenommen wird. Darüber hinaus erörtern sie gerade, ob im Bereich der medizinischen Betreuung in Gruppen, die längerfristig miteinander leben, Mediation als Konfliktlösungsverfahren angewendet werden könnte. Über die Mediationssitzungen, die sie im COAP durchführen konnten, berichten die Frauen Folgendes:

*„Es sind nur ganz paar und alle waren unterschiedlich. /Eh/ zwei kamen von hier, von der Beratungsstelle.*

*E i n e kam, weil ihr eine Psychologin eine () gab, die der Meinung () war, dass die eine Mediation (nutzen?) sollte /eh/ und Einer kam, weil eine Freundin der () äh hatte eine nahe Bekannte die einen familiären Konflikt hatte und die hat ihm dann von uns erzählt und ······. Das war so, mit den Leuten () die wir hier (in letzter Zeit?) hatten, und jetzt genauso über die Verbindung mit Menschen der (Friedenskultur?). So, aber wir machen ein wenig Erfahrung. Und sie sind auch in verschiedenen Schritten verblieben."*[139]

In den eineinhalb Jahren, in denen sie ihre kostenfreien Dienste angeboten haben, gibt es insgesamt nur ein paar wenige Sitzungen, die in unterschiedlichen Phasen stecken geblieben sind.

---

138  Interview 3, S. 12–13.
139  Interview 3, S. 49.

Zusammenfassend lässt sich feststellen, dass sich ein Netzwerk für Mediation bildet, welches sich theoretisch mit dem Thema befasst. Es gibt Fortbildungen mit unterschiedlichen Ausrichtungen und Zeitumfang, Kongresse werden abgehalten und die Interessierten sind dabei sich zu vernetzen. In der praktischen Anwendung scheint es allerdings sowohl auf wirtschaftlicher als auch interpersonaler Ebene noch wenig Nutzung zu geben. Die Praxis-Erfahrungen basieren zum größten Teil auf Übungen. Fachleute im juristischen Bereich scheinen sich der Techniken der Mediation in ihrem normalen beruflichen Umfeld zu bedienen. In welchem Umfang die Beratungsstelle für Frauen und Familien Mediation nutzt ist aus direkter Quelle nicht in Erfahrung gebracht worden. Die Einschätzung der Interviewpartner, wird im weiteren Verlauf noch herausgearbeitet.

## 5.2 Merkmale und Verständnis von Mediation

In dieser Kategorie wurden alle Aussagen kategorisiert, die Anhaltspunkte geben, wie Mediation gesehen wird.

> *„Hier noch ein paar Literaturtips: ‚El corazón del conflicto' (der Kern des Konfliktes) didaktische Metaphern von Brian Muldoon. Er ist ein Poet, was Konflikte anbelangt. Und ‚Herramientas para trabajar en mediación' (Handwerkszeug um in der Mediation zu arbeiten) von den US-amerikanischen Autoren Francisco Diez und Gachi Tapia. Ihrer Meinung nach ist der besondere Charakter der Mediation, dass sie bestimmte Phasen oder Schritte aufweist.*
>
> 1. *Die erste Phase ist die Phase des Verweises, welche in den Anklagezentren durchgeführt wird, damit sie erklären können, was es ist.*
> 2. *In der zweiten Phase wird entschieden, ob der Fall mediierbar ist oder nicht und dementsprechend der Fall angenommen wird.*
> 3. *Die dritte ist die Phase des Zusammenflusses.*
> 4. *Viertens die Abschlussphase. Der Mediator klärt, was die Kunden von ihm erwarten und wie er selbst seine Rolle wahrnehmen wird."*[140]

Der Interviewpartner empfiehlt der Forscherin Literatur, was darauf schließen lässt, dass diese für ihn Grundlagentexte über Mediation darstellt. Hierbei verweist er auch auf die Phasen der Mediation, die diese so besonders machen. Diese Phasen sind die groben Schritte des gesamten Prozesses. Das Mediationsverfahren an sich wird nicht weiter erläutert, aber es wird deutlich, dass es ein bestimmtes Rollenverständnis des Mediators gibt, auf welches aber nicht näher eingegangen wird.

---

140   Interview 2, S. 7.

Sehr klar zeichnet sich die Auseinandersetzung mit der Frage nach den eigenen Interessen ab. *„Wie können unsere Interessen und Bedürfnisse harmonieren? Denn letztendlich braucht der eine den anderen, um zu einer Übereinkunft zu kommen."*[141] Es kristallisiert sich ein Grundverständnis gegenseitiger Abhängigkeit heraus. *„In der Mediation kannst du erreichen, dass beide Seiten gewinnen, das ist von großem Vorteil."*[142] Wenn beide Seiten gewinnen, nennt man es auch das Win-Win-Prinzip. Für den Interviewpartner, der als Anwalt tätig ist, liegt genau hier ein großer Vorteil der Mediation gegenüber anderer Konfliktlösungsstrategien. Mehr noch: *„Das Konzept des Nullsummengeschäfts beschreibt, dass eine Person versteht, dass sie verliert wenn der andere verliert. Deswegen habe ich ein Interesse daran, dass du gewinnst damit ich auch gewinne."*[143] Meist ist jede Konfliktpartei vor allem darauf bedacht, die eigenen Interessen durchzusetzen. Das Konzept des Nullsummengeschäfts beinhaltet die Überzeugung, dass die eigenen Interessen aber nur durchgesetzt werden können, wenn die des Anderen auch umgesetzt werden. Allerdings wird auch eingeräumt, dass die Konfliktparteien diesen Zusammenhang nicht immer verstehen.

> *„Und es fällt den Menschen schwer, das zu sehen, auf der einen S e i t e zu verstehen, dass man ... dass es Lösungsmöglichkeiten gibt, und noch weniger können sie verstehen, dass diese allen Parteien zugute kommt. Noch weniger. Aber die Leute können viel weitersagen und das kann ·· das kann eine Form dafür sein, dafür etwas zu schaffen."*[144]

Obwohl es also nicht immer einfach ist die Klienten vom Win-Win-Prinzip zu überzeugen glaubt diese Interviewpartnerin, dass es sich etablieren kann. Sie baut hier vor allem auf positive Erfahrungen, die dann per Mund-zu-Mund-Propaganda weitergegeben werden können. Während einer Mediation ist es *„(...) wichtig den positiven Rahmen beizubehalten, sprich die positive Konditionierung."*[145] Die positive Konditionierung kann hier als positives Konfliktverständnis verstanden werden. Dem Interviewpartner ist es wichtig dass der Mediator seine positive Grundhaltung auf die Konfliktparteien überträgt damit der Konflikt als Chance wahrgenommen werden kann. Die Realität, die diese Interviewpartnerinnen beschreiben ist allerdings eine andere.

> *„(...) was denken die Menschen von Konflikten. Dass ·· sie auf eine Seite bezogen sind. Ich glaube, dass das das ist, ne. Dass die Menschen auch nicht wissen, wann ein Konflikt wirklich*

---

141   Interview 2, S. 3.
142   Interview 1, S. 2.
143   Interview 2, S. 7.
144   Interview 3, S. 25.
145   Interview 2, S. 5.

*wie () ist, die Mediation das bewältigen kann, ne. Und für die Leute sind Konflikte, ich weiß nicht, etwas Anderes, das in ihnen etwas hervorruft ····.*

*\*Unwohlsein. So etwas wie Unwohlsein.*

*\*Dadurch ist das ·· wie ein Streit (…) die Art wie Menschen ·· Konflikte als etwas n u r negatives verstehen. Das ist normal. Ist ja klar, dass () nicht existiert, dass sie nicht gegen () eines Konfliktes sind. Aber es scheint s o natürlich, dass das Schlimme immer (…) man muss sehen, wie es sich ·· vermeiden lässt und wenn dir keine andere Möglichkeit bleibt, es so zu lösen, hast du dich verausgabt, ohne ·· ohne dich um das wie zu (kümmern?). Aber ich glaube auch, dass () ein bisschen spät ist hierfür, ne. Denn die Leute müssen einen Moment, denn es kann ja auch eine Chance sein, wenn du in der Lage bist, es selbst zu lösen, super. Aber wenn du eben nicht in der Lage bist, es selbst zu lösen, dann brauchst du Hilfe, denn anstatt es zu regeln, wirst du ()*

*\*Versuchst du es, es klappt nicht und natürlich zieht dich das runter.*

*\*Das wird in dir dann nur Unbehagen hervorrufen. Und es wird dann vor allem dich selbst () betreffen, und so. Aber die Leute () sehen das ja nicht, in den heiklen Situationen, dass man innehalten und gut überlegen muss, was zu tun ist. Die Leute haben die normale Verhaltensweise schön verinnerlicht. (…) Es ist ja auch normal, dass das so ist, aber es sollte eigentlich nicht so sein, aber na ja.“*[146]

Hier trifft das Grundprinzip der Mediation mit seinem positiven Konfliktverständnis auf verfestigte Strukturen der Gesellschaft, in der Konflikte als etwas Negatives angesehen werden. Die normale Verhaltensweise Konflikte möglichst zu vermeiden ist stark verinnerlicht. Die Schwierigkeit wird vor allem darin gesehen in den heiklen Situationen nicht der verinnerlichten Verhaltensweise nachzugehen, sondern gut zu überlegen wie mit der Situation umgegangen werden kann. Hierbei plädieren die Interviewpartnerinnen dafür, fremde Hilfe dazuzuholen, denn wenn die eigenen Strategien nicht funktionieren, kann dies den Konflikt und die Gefühlslage noch weiter verschlimmern. Die dritte allparteiliche Person kann dafür sorgen, dass sich die Konfliktparteien nicht gegenseitig beschuldigen oder verbal angreifen. *„Schau mal, beschuldige nicht, (sag?) so etwas nicht während einer Mediation (…).“*[147]

*„Probleme mit ······, stell dir vor, die Beziehungsprobleme, die Probleme in der Familie schleppen sich dahin, und dann () die Menschen uns, mit komplizierten Themen, die dann mit (Machtstrukturen?) zu tun haben. Sogar in den besten Familien werden ·· Konflikte aufrechterhalten, weil es einen gibt, der daraus Nutzen zieht oder sie haben sich damit abgefunden, und es scheint, als ist es halt so und als müsse es halt so sein und deswegen*

---

146   Interview 3, S. 23–24.
147   Interview 3, S. 36.

*werden sie sich nicht umstellen () familiär (),(...). Es ist die Person der Familie, die daraus einen Vorteil zieht, ·· die die Mediation (nicht will?) und wenn es rauskommt, kommt es raus und verschärft /eh/ die Konflikte außerdem noch.*"[148]

Bestehende Machtstrukturen stehen einer gewaltfreien Konfliktlösung meist im Weg. Durch das zugrundeliegende Interesse, die Oberhand zu behalten ist eine Seite der Konfliktparteien gar nicht daran interessiert diesen zu lösen. Mehr noch, der Konflikt wird sogar aufrechterhalten. Denn oftmals haben sich in langjährigen Beziehungen die Machtverhältnisse zwischen Menschen bereits so etabliert, dass die andere Konfliktpartei diese gar nicht mehr in Frage stellt, sondern sie anerkennt. Die bestehenden Machtstrukturen können einer Konfliktmediation im Wege stehen oder sie zumindest erschweren. Es zeichnet sich ab, dass Mediation womöglich nicht für alle Konfliktformen geeignet ist. Eine klare Grenzsetzung wird z. B. im Bezug auf schwere Delikte gezogen. *„Nicht mediierbar sind zum Beispiel bürgerliche Rechtsstreitigkeiten, welche schwere Straftaten darstellen.*"[149]

Die Auseinandersetzung mit gewaltfreien Konfliktlösungsstrategien und die Anwendung von Kommunikationstechniken können Konflikten einen konstruktiven Charakter geben. Damit sollte am besten schon früh begonnen werden. *„Die frühkindliche Bildung. Ich rede gerade von der Schulmediation, die ·· fängt schon in den ersten Jahren an bis (), dass das ein möglicher Weg ist, nützlich und ·· wichtig, ne.*"[150] Aber auch die Erwachsenenbildung spielt natürlich eine wichtige Rolle. Es gibt z. B. Auslandsstipendien, die vor allem für Akteure im *„internationalen Raum, also als Universitätskurse oder in ausländischen Zentren*"[151] angeboten werden. Hier nehmen größtenteils Anwälte teil. *„Die Mediation als solche gehört nicht nur einem Fachbereich an, man muss sie interdisziplinär denken. Daher findet man sie auch in allen großen interdisziplinären Zentren.*"[152] Und sie ist für Menschen aus vielen Fachbereichen interessant.

> *„Ehrlich gesagt glauben wir, dass Soziologen, Psychologen, Sozialarbeiter, Korrespondenten, Personen der Gesellschaft, eben alle die in das Profil passen, sich Mediation zu Nutze machen können. Das Profil jetzt genauer zu erläutern wäre zu aufwendig, hierbei kommt es eben sehr auf die Eigenheiten, die Konditionen, die Identität, Werte, Prinzipien, Verhaltenweisen und Tauglichkeit usw. an.*"[153]

---

148    Interview 3, S. 24.
149    Interview 2, S. 6.
150    Interview 3, S. 21.
151    Interview 2, S. 8.
152    Interview 2, S. 1.
153    Interview 2, S. 8.

Die Interviewpartnerinnen, die gerade ihre ersten praktischen Erfahrungen sammeln, „(…) machen Co-Mediation mit einer Beobachterin. Da wir ja auch keine s e h r praktischen Erfahrungen haben, haben wir es hier mit Co-Mediation (versucht?) und wir selbst beobachten ()." Hierbei besteht vor allem der Wunsch, das Team noch weiter auszubauen und zu vergrößern: „(…) obwohl wir nur Frauen sind, auch mit dem Wunsch, dass ein Team heranwächst, wo sich Männer anschließen, Personen die aus verschiedenen Bereichen stammen."[154] Dahinter steht der Wunsch, in ihrer Arbeit der Diversität der Konfliktparteien gerecht zu werden.

Insgesamt gibt es eine starke Orientierung an international wirkenden Mediatoren. Ein Interviewpartner ist besonders von der Entwicklung der Mediation in Argentinien angetan. Er hat verschiedene argentinische Kollegen, mit denen er sich auch über gewisse Streitfragen auseinandersetzen kann. So liegt z. B. ein Dilemma in der praktischen Umsetzung der Allparteilichkeit. „Die absolute Neutralität des Mediators kann es (…) nicht geben, da es grundsätzlich unmöglich ist, total unparteiisch zu sein."[155] Weiterhin findet sich

> „Ein gewisses Dilemma (…) in der Einhaltung des Abkommens. Wenn es einen Schiedsrichter gibt, dann kümmert er sich darum. Aber wie kann ich die Einhaltung garantieren? Manchmal kann man es eben nicht. Die Parteien entschieden, ob die Abmachung verbindlich ist oder nicht. Ich fange bei allen mit der Verbindlichkeit an."[156]

## 5.3 Qualität

In der Kategorie Qualität werden sowohl Aussagen genannt, die auf eine Qualitätssicherung der Arbeit durch Mediation hinweisen, als auch formulierte Kritik an der Qualität bestimmter Vorgehensweisen.

> „Die Ernsthaftigkeit und Glaubwürdigkeit der ersten Mediation in der Praxis hängt stark von unserer Seriosität in der Vorbereitung ab. Es gibt ein Sprichwort: ‚Das Bedürfnis ist die Seele der Kreativität.' Es ist sehr wichtig, dass Theorie und Praxis Hand in Hand gehen."[157]

Nur eine gute, zeitintensive Vorbereitung kann langfristig eine hohe Qualität und damit auch breite Anerkennung der Mediation als alternative Möglichkeit der Konfliktlösung garantieren. „Die ernsthafte Weiterentwicklung der Mediation

---

154  Interview 3, S. 1.
155  Interview 2, S. 3.
156  Interview 2, S. 6.
157  Interview 2, S. 2–3.

*ist unabdingbar, daher ist sie auch so langsam.*"[158] Der Interviewpartner plädiert daher dafür, sich in Geduld zu üben und dem gesamten Prozess Zeit geben. *„Wir hatten viel Vorbereitung mit sehr intensiven Kursen."*[159] Vor allem in die Ausbildung der Mediatoren muss viel Arbeit und Aufwand investiert werden. *„Wir haben mit einigen Mediationstrainings angefangen und das war es, das eben /eh/ einen Meilenstein markiert hat, dadurch dass das gut war (...)."*[160] Der Meilenstein bezieht sich auf die persönliche Ebene. Je besser die Trainings wahrgenommen werden, desto höher ist die Motivation, mit Mediation weiterzumachen. *„Da kam Chloe und so. Und diese Schulung war wirklich spektakulär."*[161] Dabei sind Grundprinzipien wie Vertraulichkeit sehr wichtig. *„Vor allem muss rüberkommen, dass die Mediation absolut vertraulich ist."*[162] Diese müssen sowohl den Mediatoren als auch der potentiellen Kundschaft vermittelt werden. *„Man muss eine Verbindung schaffen, die die absolute Vertraulichkeit vermitteln kann."*[163]

Deutlich wird auch das Bedürfnis, sich an internationalen Standards zu orientieren.

> *„Es ist dringend nötig, dass wir Kubaner mehr über unseren Tellerrand schauen und auch andere Dinge kennen lernen, zum Beispiel durch internationale Fachbücher. Übungsvideos, wo man eine Mediation live beobachten kann, helfen auch sehr. Die ernsthafte Weiterentwicklung der Mediation ist unabdingbar, daher ist sie auch so langsam. Damit sie auch langfristig bestehen bleibt."*[164]

Kuba ist als Insel geographisch von der Außenwelt abgeschottet. Dies kann dazu führen, dass sich die Kubaner in ihrer ganz eigenen Welt bewegen. Wenn ein Kubaner davon spricht, dass es gerade auf der ganzen Welt keine Eier mehr gibt, oder die ganze Welt nach diesem Musikstil verrückt ist, dann meint er damit vor allem Kuba. Nur wenige Kubaner können ins Ausland reisen und auch die Informationen in den Medien über das was außerhalb der Insel geschieht ist begrenzt. Der Interviewpartner stellt hierbei eine Ausnahme dar, da er schon in vielen verschiedenen Ländern unterwegs war und seinen Horizont erweitern konnte. Daher fällt ihm auf, dass es wichtig ist den Austausch zu suchen. Seine Beobachtung ist, dass im Rahmen der Weiterbildung als Mediator internationale Fachliteratur und Übungsvideos hilfreich sein können. Im Vordergrund steht

---

158   Interview 2, S. 6.
159   Interview 1, S. 3.
160   Interview 3, S. 5.
161   Interview 3, S. 5–6.
162   Interview 2, S. 5.
163   Interview 2, S. 6.
164   Interview 2, S. 6

zuerst, die Ausbildung der interpersonalen Mediation zu etablieren, bevor ein institutioneller Rahmen geschaffen wird.

> *„Ich glaube die Familienmediation wird als nächstes institutionalisier, und folgt damit, wie du ja weißt, der Wirtschaftsmediation der Handelskammer. Mir ist es wichtig, dass wir uns von unten nach oben entwickeln. Ich glaube es ist besser, erstmal die Anwendung zu etablieren und sich dann erst Gedanken um den institutionellen Rahmen zu machen. Das heißt: Erstmal üben wir sie aus und dann institutionalisieren wir sie.“*[165]

## 5.4 Kritik an der Qualität

Die diversen Trainingsangebote sind noch nicht standardisiert und vor allem aufgrund der unterschiedlichen Fortbildner gibt es hier auch große qualitative Unterschiede. Die zwei Interviewpartnerinnen, die schon auf verschiedene Trainings zurückblicken können, schildern hier ihre Erfahrungen mit der Arbeit der Föderation der kubanischen Frauen:

> *„Mit den Leuten von der Föderation sind wir schon zusammengetroffen, da wir alle die (kulturelle?) () unter dem Zentrum Félix Varela gemacht haben. Wir sind in einigen Informationszentren zusammengekommen und bei einigen Veranstaltungen (…) wir kennen nicht genau ihre Arbeit. Nur () Referenz. Nun, wir kennen ein paar Leute die dort Mediation machen, ·· ein paar, die ehrlich gesagt nichts bringen.*

> *\*Wir sind auch auf sie zugegangen. Aber mehr im Sinne des Mitwirkens, um ihnen auch anzubieten ······. Da es schon eine Stelle ist, sagen wir da es ja auch im Fernsehen präsent ist, bei dem Volk anerkannt ist als Ort, wo sie ihre Probleme angehen können. Ein Ort wo eben einige hinkommen, zumindest laut dem, was sie selber sagen, ne, dass Leute mit verschiedenen Problemen hinkommen. Und manchmal die, hatten sie Informationen und finden heraus, dass das was die Personen mitbringen, sind Konflikte (und erwägen?) dass sie Mediatoren sein können (). Also sind wir auf sie zugegangen, aber es gibt keine Form (der Allianz?), ne ·· der /eh/ wir wären bereit, Fälle anzunehmen, die sich dort melden, da es ein bekannter Ort mit größerer Verbreitung ist (…).“*[166]

Vor allem von der Arbeit einiger Frauen der Föderation halten die Interviewpartnerinnen nicht viel, obwohl sie sie eigentlich nicht so genau kennen. Dennoch versuchen sie, über die Föderation an mediierbare Fälle zu kommen. Denn der Vorteil der staatlichen Institution ist, dass sie einen höheren Bekanntheitsgrad in der Öffentlichkeit haben als die Interviewpartnerinnen mit ihrer Eigeninitiative. Aber auch im Zentrum Félix Varela gibt es Qualitätsunterschiede der Mitglieder:

---

165 Interview 2, S. 8.
166 Interview 3, S. 44.

*„Ich weiß nicht, ob es wohl beobachtende Psychologen im Zentrum Varela gibt, weil es gibt Leute die nicht ⋯⋯.*

*\*Die keine Ahnung haben.*

*\*Das ist ein ganz anderes Thema, dass das Zentrum /eh/ die hohe Wichtigkeit (klären?) und es hat die Annäherung an sie im ganzen Land gefördert, die Schulungen. In diesem Fall, war es an Hand einer zentralen Person, welche ausgebildet hat ⋯⋯. Ich würde nicht mal richtig ausbilden sagen (…).“*[167]

Trotz dieser Kritik an einzelnen Personen räumen die Interviewpartnerinnen ein, dass das Zentrum viel für die Verbreitung der Mediation getan hat. Dieses Engagement wird gewertschätzt. *„Ach was, wir haben uns halt auch nicht genug vorbereitet gefühlt und nichts dergleichen. Trotzdem hat mir das Training gut gefallen, aber vor allem wegen der Bemühung ‥ es in die Praxis umzusetzen.“*[168] Auch wenn sie sich nach dem beschriebenen Training nicht gut vorbereitet fühlen, sehen sie hier eine positive Absicht. Da dies nicht selbstverständlich zu sein scheint, ist es ihnen wichtig, ihre Kritik wertschätzend zu formulieren. Hinter den Differenzen könnten ja auch unterschiedlichen Meinungen stehen. *„Hmm, vielleicht haben wir da einige gemeinsame und einige unterschiedliche Ansichten, in diesem Sinne.“*[169]
Nichtsdestotrotz würden sich die Interviewpartnerinnen mit ihren eigenen Anliegen niemals an das Zentrum wenden.

*„Noch würde es mir einfallen, dort hinzugehen um die Probleme zu lösen, die wir hier haben.*

*\*Genau ().*

*\*Na ja, nicht weil nicht ‥ es ist so, ich kenne die Arbeit ganz gut und ich erkenne die Unterschiede. Es gibt Leute, die mich sehr beeindrucken, aber die offensichtlich wenn sie erzählen wie der Prozess war, sind es nicht die Personen die eine direkte Intervention in ‥ als Mediatorinnen dort haben. Und ich kenne sehr wohl einige die als Mediatorinnen arbeiten, und die schreiben für meinen Geschmack zu viel vor und nicht ‥ ach ich weiß auch nicht, es gefällt mir nicht, das Gefühl zu haben, dass /eh/ dass ich zu einer Sitzung gehe, wo mir jemand sagt was ich tun soll oder dass ⋯⋯. (…).*

*\*Sie sind schon länger als wir dabei, aber ich weiß nicht ⋯⋯.*

*\*Das, das, das ja. Sie haben sich sogar schon im Voraus () sehr aus dem Fenster gewagt. Denn sie hatten sehr wohl eine konkrete Nachfrage, die sie dann zur Beratungsstelle gebracht*

---

167   Interview 3, S. 8.
168   Interview 3, S. 7.
169   Interview 3, S. 3.

*haben. Und das was () die Spezialisten () Fall angefangen haben, ein interpersonaler Konflikt der ⋯⋯. Schau, sie haben es gewagt und haben mediiert. So wie sie halt konnten, so so ⋯⋯ was ihnen halt einfiel, ne. Ausgehend von ihren Möglichkeiten, von ihren ⋯⋯. was weiß ich. ihrem ganz eigenen Hintergrund. Sie waren es auch sehr /eh/ ich glaube sehr sehr () sehr hier sehr (überängstlich?) ich finde das nicht besonders gut, denn es war auch nicht die Beratungsstelle die gesagt hat: ,Ihr müsst mediieren.' Die Leute kommen von zu Hause, um ihre Probleme zu lösen."[170]*

Offensichtlich gibt es vor allem beim Rollenverständnis als Mediator Diskrepanzen. Die Interviewpartnerinnen kritisieren, dass die Mediatorinnen des Zentrums während einer Sitzung klare Stellung beziehen. Anstatt auf die Autonomie der Konfliktparteien zu vertrauen, schreiben sie ihnen vor wie sie ihren Konflikt lösen sollen. Teilweise ist dies darauf zurückzuführen, dass sie die Techniken der Mediation ohne viel Übung schon in die Praxis umgesetzt haben.

*„Sie machen das so wie wir größtenteils Dinge tun ·· ich glaube nicht, dass es nur von dort ist oder nur die Mediation. Sondern es ist hier eine weit verbreitete Angelegenheit, dass die Leute alles angehen, was sie sich vorstellen (…) und das machen sie halt, wie sie können. Und die Menschen die eben v i e l lernen und () haben und solche Sachen, dann ()."[171]*

Da es im kubanischen Alltagsleben üblich ist zu improvisieren, liegt es nahe auch in diesem Bereich einfach zu handeln. Im Rahmen ihrer begrenzten Möglichkeiten versuchen sie also die Mediation in ihre Arbeit zu integrieren. Dabei können Grundsätze wie die Wahrung der Neutralität des Mediators und der Autonomie der Konfliktparteien verloren gehen. Ein weiterer Aspekt, der womöglich nicht eingehalten werden kann ist die Vertraulichkeit. Denn es kann schon mal vorkommen, dass man jemanden „(…) *über die Dinge anderer Personen sprechend.*"[172] erwischt. Diese Haltung scheint allerdings weit verbreitet.

*„Institutionen, Dozenten oder Forschung, was weiß ich, aber sie prallen mit nichts (Konkretem?) zusammen. Und reden von der, in allen Fällen, von der Erfahrung anderer Leute, nicht der eigenen. (…) Nur dass in diesem Fall die Intention ja nicht diese ist. (…)Noch nicht mal () um sie für dich zu nutzen oder für den Lerneffekt oder so, sondern nur um ·· um darüber zu reden und um zu glänzen.*

*\* Und ich glänze mit dem, was ⋯⋯.*

*\* Mit dem, was ich weiß, was soundso macht oder () die Erfahrung von anderen. Oder ich rede sogar schlecht über die Arbeit anderer Personen."[173]*

---

170  Interview 3, S. 45–46.
171  Interview 3, S. 46–47.
172  Interview 3, S. 47.
173  Interview 3, S. 48–49.

Die Intention scheint nicht, aus den gemachten Erfahrungen lernen zu wollen, sondern schlichtweg damit zu prahlen, oder die Arbeit anderer Personen zu kritisieren. Dahinter steht auch, dass viele Kubaner sehr kommunikativ sind und sich freuen, wenn sie eine gute Geschichte parat haben. Die Erlebnisse von Mediationssitzungen scheinen interessanten Stoff für solche Unterhaltungen zu bieten so dass die Vertraulichkeit des Prozesses nicht mehr gewährleistet ist.

In Bezug auf Übungsvideos stellen sich zwei Probleme. Kubanische Übungsvideos stellen erfundene Fallbeispiele vor. *„In diesem Fall gibt es Produktionen von hier, kubanische die eben nicht aus einer Übung stammen."*[174] Hierbei ist die Kritik, dass diese nicht praxisnah genug sind. *„Und es (…) hat mit finanziellen Mitteln zu tun, es gibt Sachen die als () Material bezeichnet werden, die hier hergestellt wurden, die sind äußerst schlecht. (…) Denn die waren dann nicht aus einer echten Übung."*[175] Außerdem stehen den eigenen Produktionen nicht so viele finanzielle Mittel zur Verfügung, wodurch die Qualität auch stark leidet. *„Nein, es ist uns nicht in den Sinn gekommen sie zu erwähn ⸱⸱⸱⸱⸱ na ja über ⸱⸱⸱⸱⸱ zu reden, wir werden Folgendes tun. So ist das nämlich mit den Leuten ⸱⸱⸱⸱⸱ hier hergestellt."*[176] Von schlechten Eigenproduktionen wird sich distanziert. Vom Bildungs- und Gesundheitssystem bis hin zu international anerkannten Filmproduktionen kann Kuba auf die Sicherung eines Mindestmaßes an Qualität stolz sei. Gleichzeitig gibt es aber auch Bereiche, in denen viel improvisiert wird und werden muss, denn oft stehen nur geringe finanzielle Mittel und begrenzte Materialien zur Verfügung. Für diese Art der stümperhaften Flickarbeit gibt es sogar ein eigenes Wort: *Chapucería*. Die kubanischen Übungsvideos wurden nicht professionell gemacht, weshalb es den Interviewerinnen peinlich ist sie in ihren Trainings zu benutzen. Daher werden sie gar nicht erst erwähnt, da auch davon ausgegangen werden muss, dass die Teilnehmer sich darüber lustig machen werden. *„Es gibt eben /eh/ andere Mittel, teurere, mehr was weiß ich, aber es macht keinen Sinn die zu nutzen, die nicht, ich weiß nicht, die langweilen uns, ne."*[177] Aufwendigere Produktionen aus dem Ausland wiederum beinhalten das Problem, dass sie nichts mit der kubanischen Realität zu tun haben und die Fälle nur selten adaptiert werden können. *„Und von Situationen die nichts mit der Realität zu tun hat, die hier bei uns herrscht. Gut, das hat jetzt weder etwas mit den Fällen die wir kennen zu tun, noch mit den hochgespielten (Dingen?) noch mit*

---

174  Interview 3, S. 62.
175  Interview 3, S. 61.
176  Interview 3, S. 62.
177  Interview 3, S. 62.

*irgendwas davon.*[178] Insgesamt stehen also für die Ausbildung kaum Videos zu Anschauungszwecken eines Mediationsverfahrens zur Verfügung.

## 5.5 Selbstbild

Für alle Interviewpartner hat die Mediation einen großen Einfluss auf ihr privates Leben. Dieser Einfluss und ihr Selbstbild als Mediatoren soll in dieser Kategorie genauer beleuchtet werden. *„Die Ausbildung hat sowohl mein berufliches als auch mein persönliches Leben beeinflusst. In Verhandlungen nutze ich die Techniken die ich gelernt hab, manchmal sogar unbewusst."*[179] Der Interviewpartner hat die Techniken sogar schon internalisiert. Sie dienen ihm als Handwerkszeug in seiner Arbeit als Anwalt, aber auch in der privaten Kommunikation ist sie nützlich. *„Mich so intensiv der Mediation zu widmen, hat mich stark beeinflusst. Es hat mich auch privat zu einem besseren Menschen gemacht. Meine sozialen Kompetenzen haben sich erweitert."*[180] Auch dieser Interviewpartner betont wie sehr er sich durch die Auseinandersetzungen mit der Mediation weiterentwickelt hat. Vor allem in seiner Beziehung ist er durch die erlernten Gesprächstechniken zu einem geduldigeren und wertfreierem Zuhörer geworden. Die eigene Einschätzung spielt ebenso für das Projekt der zwei Interviewpartnerinnen eine große Rolle. *„(…) aber vor allem war eine Praxis die hier ermöglicht wurde (sagen wir?) in einer Art, unentbehrlich von anderen, von einer unentbehrlichen Sache die es ist, ne."*[181] Denn aus eigener Sicht ist ihr Praxisangebot (der Mediation) unentbehrlich, wodurch die Motivation weiterzumachen stark beeinflusst wird. Dabei schätzen sie ihre sozialen Fähigkeiten sehr positiv ein.

> *„Auch was das Soziale angeht haben wir, so scheint mir, dass wir da eine spezielle Arbeit haben, ich sage ja nicht, dass alle anders sind, aber speziell um auch ·· die Art mit den Leuten zu arbeiten, hinzukriegen, ne. Mit denen wir bisher gearbeitet haben, in den Trainings. Und das kommt von den Leuten selbst und es ist ·· weniger um uns als Allwissend zu bezeichnen, sondern um weiterhin von den Leuten zu lernen."*[182]

Auch wenn sie ihre persönliche Entwicklung im menschlichen Umgangs sehr positiv einschätzen, ist es ihnen weiterhin wichtig, sich weiter zu entwickeln und von Anderen zu lernen. Aus ihren, wenn auch geringen, Praxiserfahrungen ziehen sie die Motivation weiterzumachen.

---

178    Interview 3, S. 59.
179    Interview 1, S. 3.
180    Interview 2, S. 5.
181    Interview 3, S. 52
182    Interview 3, S. 59–60.

„*Es gab unterschiedliche Gefühle, aber ehrlich gesagt, ich bin glücklich es gemacht zu haben. Eigentlich ist es sogar das, was mich () immer noch zu versuchen, dass sich das [Problem des Angebots und der Nachfrage, Anmerkung der Autorin] (regelt?), ne. Das heißt, die in der ersten, die bis zum Einverständnis () gekommen ist, gab es das Gefühl dass ·· dass es den Leuten wirklich etwas gebracht hat, ne. Es war super gut festzustellen, dass sich die Leute hier Dinge gesagt haben, Dinge die sie sich vorher noch nie gesagt hatten. Dass bis zu einem gewissen Punkt Dinge hier herauskommen. Und /eh/ und das war in diesem Sinne sehr schön.*"[183]

## 5.6 Wertschätzung

Vor allem für die Interviewpartnerinnen, die ihre Dienste aus einer Eigeninitiative heraus anbieten, spielt das Thema Wertschätzung eine große Rolle.

„*Es ist so, wir arbeiten ja nicht Vollzeit. Das ist ja nicht unsere Arbeit. Das ist wie /eh/ ein F r e i w i l l i g e n d i e n s t, eine Mitarbeit oder so etwas in der Art.*"[184] Aus der Grundkonzeption des Aufgabenfeldes kann keine Anerkennung gezogen werden. Niemand hat sie darum gebeten, Mediation anzubieten, das Projekt entstand aus einer Eigeninitiative heraus. Dies bedeutet auch, dass sie keine Bezahlung für ihre Arbeit beziehen. Daher müssen sie auch noch anderen Tätigkeiten nachgehen, was dazu führt, dass sie sich nicht so intensiv um ihr Projekt kümmern können. „*Ja, für mein eigenes Leben kann es mir helfen, dass ich mich diese Woche mit dir ((zeigt auf Sprecher 2)) treffe, aber nein … das reicht nicht!*"[185] Die Interviewpartnerin macht deutlich, dass ihr die Annerkennung ihrer freiwilligen Arbeit fehlt. Es frustriert sie, dass ihr Angebot der Mediation kaum genutzt wird.

> „*/Eh/ und eine weiter Erfahrung, wo sehr wohl () mit Mediation arbeiten, aber eine der beiden Seiten hat entschlossen die Sitzung zu verweigern, weil sie andere w i c h t i g e r e Dinge hatte die ihre Zeit beanspruchten aber das ist nicht ···· er konnte dem keine Zeit widmen. Eine () der Arbeit oder andere Sachen.*"[186]

Die besondere Betonung der „wichtigeren Dinge" lässt darauf schließen, dass der Interviewerin missfällt, dass die Priorität nicht bei der Konfliktlösung liegen kann. Diejenigen, für die das Angebot gedacht ist, nutzen es nicht. So fehlt sowohl auf finanzieller Ebene wie auch im sozialen Kontakt die Wertschätzung.

---

183  Interview 3, S. 50.
184  Interview 3, S. 22.
185  Interview 3, S. 21.
186  Interview 3, S. 49–50.

*„Sprich, wenn du irgendeinen Bezug zu einer Institution hast, wenn nicht: Dann hast du überhaupt keine Stellung, um irgendwas zu machen. Also auf diese Art sicherst du dir eine Stellung, was dann auch jede Person einschließt, deren Beruf Mediator oder Mediatorin ist. Und das bedeutet, es ist gut gesellschaftlich anerkannt zu sein und noch wichtiger, dass die Leute von dieser Seite Anerkennung (bekommen?), für das was sie tun, dass die Menschen wahrnehmen, dass es das überhaupt gibt, dass man sich dafür auch vorbereiten muss, dass man dafür ⋯⋯ was aus meiner Sicht dazu führen kann, dass die Mediation, die nicht institutionalisiert ist, abgetan wird."*[187]

Die Interviewpartnerin spricht in der dritten Person, beschreibt jedoch ihre eigene Situation. Ihr fehlt die Anerkennung ihres Engagements. Dass der Beruf eines Mediators so wenig bekannt ist, führt dazu, dass ihre Arbeit, die z. B. mit der Vorbereitung etc. zusammenhängt, überhaupt nicht wahrgenommen wird. Dies hängt nach ihrer Meinung auch damit zusammen, dass sie mit ihrem Angebot nicht in einen institutionellen Rahmen eingebunden ist, der dadurch auch Schutz bieten würde, da er sowohl den Austausch an Informationen gewährleisten, als auch mit Qualitätsstandards assoziiert werden könnte. Dadurch käme der Beruf eines Mediators in ein besseres Licht, was zu einer breiteren Anerkennung in der Bevölkerung führen würde.

## 5.7 Strukturelle Aspekte

### 5.7.1 Verbreitung

Hier schließt sich die Frage an, warum das Angebot bisher noch so wenig genutzt wird. Dem soll anhand der unterschiedlichen Schwerpunkte der Begründungen nachgegangen werden. Hierbei wird zunächst auf strukturelle Umstände eingegangen und dann auf kulturelle Aspekte, die womöglich eine Rolle spielen.

Als einen entscheidenden Faktor nennen alle Interviewpartner, dass die Gesellschaft – und somit die potentiellen Kunden – nicht genug über die Mediation informiert ist. Und zwar weder darüber, wie das Verfahren genau funktioniert noch über die konkreten Angebote, die es ja an verschiedenen Stellen gibt. Im wirtschaftlichen Kontext führt dies dazu, dass das Verfahren der Mediation nicht in die vertraglichen Abmachungen integriert wird.

*„Die Experten und Geschäftsleute wissen nicht, dass es das Angebot der Mediation gibt, daher binden sie es nicht in ihre Verträge mit ein. Es kann auch sein, dass sie nicht teilnehmen wollen, da die Ebene der Kommunikation beschädigt ist. Eine Seite fühlt sich im Recht und möchte eine Klage und Schluss. Was fehlt, ist mehr Werbung. Obwohl alle Veranstaltungen*

---

187   Interview 3, S. 32.

*die Mediation mit einbeziehen. Aber dennoch muss noch mehr informiert werden. Mehr Werbung und Verbreitung. Man könnte es veröffentlichen, als Methode einführen."*[188]

*„Vielleicht könnte man ein Projekt erarbeiten, welches sie und seine Nützlichkeit vorstellt. (...) Es sollte in einer Art informieren, die ankommt und mobilisiert. Vor allem muss rüberkommen, dass die Mediation absolut vertraulich ist. Denn im kubanischen Alltag darf nicht herauskommen, dass jemand womöglich Probleme hatte. Das hat vor allem damit zu tun, dass die Investoren untersuchen, ob jemand eine weiße Weste hat. Kuba hat eine unberührte Geschäftswelt. Zunächst muss der Markt abgesteckt werden, und dann folgt die Mediation. Das ist eine strategische und ökonomische Frage."*[189]

Die noch relativ junge kubanische Geschäftswelt ist auf finanziell starke Investoren angewiesen. Wenn herauskommt, dass eine Firma irgendwelche Probleme hat, könnte dies zu einem schlechteren Stand auf dem Markt führen. Daher muss unbedingt die absolute Vertraulichkeit des Verfahrens vermittelt werden.

Und auch abseits von der Geschäftswelt gibt es viele *„(...) Menschen die Mediation als solche einfach nicht kennen. Und das kann dann auch bedingen, dass sich die Menschen nicht an Menschen wenden, die ······ die Leute wissen Nichts von der Mediation und von dem was ein Mediator macht, sie kennen es nicht."*[190] Eine bessere Verbreitung könnte man anhand von Informationsveranstaltungen, aber auch mit Hilfe der Medien erreichen. *„Mir haben sie gesagt, dass einer der () müsste Informationsabende geben, ne. Damit die Leute eine Alternative kennen lernen. (...) Aber ja, es ist wichtig zu informieren, damit die Leute wissen, dass es das gibt."*[191]

> *„Die Medien sind hierbei sehr wichtig, ich glaube das ist die Art der ·· Verbreitung und das nächste sind die institutionellen Vernetzungen und Personen die ·· die das antreiben können. Das ist das, was wir hier gemacht haben, wir haben versucht, dass über die Institutionen und Personen, Leute hierherkommen. Wir haben sogar ·· wie () erzählt haben, aber ······."*[192]

Fehlendes Wissen kann im Falle des Angebots in den Räumen der psychologischen Beratungsstelle auch zu folgendem Problem führen:

> *„Weil es eben auch diesen Stempel hat, dass die Leute in eine psychologische Beratungsstelle gehen, und da liegt die Schlussfolgerung nahe, dass es sich [bei der Mediation, Anmerkung der Autorin] auch um eine psychologische Beratung handelt. So was passiert eben, weil*

---

188  Interview 1, S. 2.
189  Interview 2, S. 5.
190  Interview 3, S. 14–15.
191  Interview 3, S. 20.
192  Interview 3, S. 21–22.

*das Zentrum eben von der psychologischen Fakultät ist, aber eigentlich werden hier ganz verschiedene Problemfelder behandelt und immer mit der Überzeugung weitere Disziplinen und Menschen, eben auch Professoren und Spezialisten einzubeziehen, weil so muss es ja auch sein, ne. Na ja, es die [Mediation, Anmerkung des Autors] war ja auch noch kein Beruf aber dennoch, obwohl es so wäre, die Leute kommen halt um sich psychologische Beratung zu holen und es fällt ihnen schwer zu sehen ob ein Bezug zur Psychologie besteht oder nicht.*"[193]

Die Gefahr, die darin liegt, dass Mediation und psychologische Beratung in der Wahrnehmung vermischt werden zeigt die Notwendigkeit, die Öffentlichkeit noch mehr und besser zu informieren.

*„Das hat wahrscheinlich nichts mit dem zu tun, was die Handelskammer so macht, keine Ahnung, mit ihrer Wirtschaftsmediation, weiß nicht, dass die Mediation ·· (...) Ich weiß es nicht, weil ich sie noch nicht kenne. Aber ich gehe mal davon aus, dass sie viel () teurer ist (...) und dass es ein sehr komplexer Prozess ist und dass es grundsätzlich den Bedarf an anderen Problemlösungen deckt.*"[194]

Der Interviewpartnerin, die sich auf die interpersonale Mediation spezialisiert hat, ist die genaue Abgrenzung zur wirtschaftlichen Mediation unklar. Dass sie den Handlungsspielraum der Wirtschaftsmediation nicht kennt, führt zu der Vermutung, dass auch der Austausch an Informationen untereinander noch verstärkt werden könnte.

Die Frage nach der Information hängt allerdings auch stark mit einem reellen Angebot für Mediationssitzungen zusammen.

*„Damit die Leute eine Alternative kennen lernen. (...) Aber ja, es ist wichtig zu informieren, damit die Leute wissen, dass es das gibt. Das Ding ist, dass eh das Hand in Hand gehen muss mit reellen Möglichkeit den Leuten die Dienste der Mediation auch anbieten zu können oder was weiß ich. Was grad auch nicht wirklich existiert. Das heißt, ich glaube von da aus geht die Entwicklung ······ das hat auch damit zu tun. Wir sind sogar gegangen / eh/ ich glaube nicht, dass (eifrig?) das Wort wäre, aber zumindest ist es ein (Versuch?), eine Strategie zu haben, um diese Schritte zu verbreiten, vielleicht nur um daran zu denken, dass ·· die Möglichkeit gesehen wird, dass die Möglichkeit angepasst wird, die wir als Antwort für () ((lacht)) haben, aber wie es scheint, ja doch nicht, denn wir haben uns sehr () und keiner kommt. Aber ich glaube schon, damit ihre Existenz bekannt wird oder was weiß ich, muss es dann noch mehr geben, denn wenn ein Workshop stattfindet und die Leute kommen dann und fragen: ‚Wie und wo?' Das war glaube ich ein weiterer Grund, warum wir unsere Dienste angeboten haben, denn die Leute haben gefragt: Und wo? Und ich hab gesagt: ((zuckt mit Schultern)) ‚na ja' ······ (...) Die Mediation gibt es nicht in Kuba.*"[195]

---

193   Interview 3, S. 2.
194   Interview 3, S. 9–10.
195   Interview 3, S. 20–21.

Für die Interviewpartnerin ist es unabdingbar, dass mit der Verbreitung der Information über Mediation auch ein breiteres Angebot geschaffen wird. Die spannende Frage ist hierbei, was wodurch beeinflusst wird. Kann davon ausgegangen werden, dass die Nachfrage automatisch auch das Angebot beeinflusst? Oder muss erst ein Netzwerk aufgebaut werden, bevor mehr Werbung für die Mediation gemacht wird, damit diese Methode kein leeres Versprechen bleibt, sondern sich zu einer reellen Alternative entwickelt?

Fest steht jedenfalls, das ihr Beweggrund, ihre Dienste als Mediatorin freiwillig anzubieten, auf die fehlenden Angebote zurückzuführen sind. Da nach Trainings vermehrt Leute auf sie zugekommen sind und nach konkreten Angeboten für Mediation gefragt haben, sieht sie hier einen Bedarf und möchte etwas dafür tun.

### 5.7.2 Institutionalisierung

Da die Wirtschaftsmediation ja seit 2007 institutionalisiert ist, geht es in diesem Kapitel darum, inwieweit die Instituionalisierung die interpersonale Mediation dahingehend beeinflusst, dass sie gesellschaftlich anerkannt und genutzt wird.

> „Ich glaube die Familienmediation wird als nächstes institutionalisiert, und folgt damit, wie du ja weißt, der Wirtschaftsmediation der Handelskammer. Mir ist es wichtig, dass wir uns von unten nach oben entwickeln. Ich glaube es ist besser, erstmal die Anwendung zu etablieren und sich dann erst Gedanken um den institutionellen Rahmen zu machen. Das heißt: Erstmal üben wir sie aus und dann institutionalisieren wir sie.“[196]

Da dieser Mediator vorschlägt, sich zunächst eher um die Qualität der Praxis und der Ausbildung zu bemühen, würde die Institutionalisierung diesen Prozess aus seiner Sicht zunächst nicht groß beeinflussen.

> „Diese andere, bis wohin wir im familiären Bereich gekommen sind ·· was ich gehört habe, es scheint wir sind gerade dabei zu analysieren, welche Möglichkeiten es hierfür gibt. Der Familienmediation. Aber es ist () an diesem Punkt, ne. (…) Ich weiß nicht, bis zu welchem Punkt ····· das hier nötig wäre, denn auf diesen Ebenen ist es schon ····· also beim Schiedsgericht und was weiß ich, da muss es schon sein ······.“[197]

Auch diese Interviewpartnerin sieht im ersten Moment keinen direkten Vorteil in einem institutionellen Rahmen. Für sie ist eindeutig, dass dies auf der Ebene der Wirtschaftsmediation eine weitaus wichtigere Rolle spielt als auf der interpersonalen. Zwar scheint gerade erörtert zu werden, inwieweit ein institutioneller

---

196   Interview 2, S. 8.
197   Interview 3, S. 30.

Rahmen für die interpersonale Mediation geschaffen werden könnte, sie scheint aber über die aktuelle Debatte nicht wirklich informiert zu sein. Das kann als Anhaltspunkt dafür gesehen werden, dass sie dadurch keinen Einfluss auf ihre Arbeit erwartet.

> *„Also, äh gut. Es gab auch die Bemühung den Dienst zu verschieben, mit dem Hinterge-*
> *danken, es in ein umfassenderes Programm einzugliedern und gut, so sind eben die Be-*
> *mühungen erstickt und daher haben wir einfach schnell mit der praktischen Anwendung*
> *angefangen (…).“*[198]

Es gibt aber auch Aussagen, in denen das Bedürfnis nach einem größeren Netzwerk für ihr Angebot deutlich wird.

> *„Aber na gut, so haben wir eben mit der Mediation angefangen und währenddessen haben*
> *wir auch versucht, das über Programme laufen lassen zu können. Die Programme auch zu*
> *schaffen, denn die existierenden sind irgendwie altbacken oder am ruhen.“*[199]

Bei ihrer Suche nach Vernetzung oder Anbindung wurde sie allerdings eher entmutigt. Die gegebenen Strukturen empfindet sie als für ihre Belange nicht adäquat, da sie zu alt oder eingerostet sind. Ihre Kollegin sieht in der Institutionalisierung jedoch durchaus eine Chance zur Veränderung.

> *„Klar. Also für mich, ich glaube, dass es einen Unterschied macht. In dem Sinne, dass ··*
> *dass dieses ganze Land institutionalisiert ist. Sprich, wenn du irgendeinen Bezug zu ei-*
> *ner Institution hast, wenn nicht: Dann hast du überhaupt keine Stellung, um irgendwas*
> *zu machen. Also auf diese Art sicherst du dir eine Stellung, was dann auch jede Person*
> *einschließt, deren Beruf Mediator oder Mediatorin ist. Und das bedeutet, es ist gut ge-*
> *sellschaftlich anerkannt zu sein und noch wichtiger, dass die Leute von dieser Seite Aner-*
> *kennung (bekommen?), für das was sie tun, dass die Menschen wahrnehmen, dass es das*
> *überhaupt gibt, dass man sich dafür auch vorbereiten muss, dass man dafür ······ was aus*
> *meiner Sicht dazu führen kann, dass die Mediation, die nicht institutionalisiert ist, abge-*
> *tan wird. Denn uns scheint es, dass es Leute sind, die eine gewisse Führungsposition in der*
> *Gemeinschaft haben /eh/ dass sogar Kinder sich dafür qualifizieren können, um in ihrem*
> *Lebensraum Mediation nutzen zu können und man braucht eigentlich nirgends einen fes-*
> *ten Arbeitsplatz als Mediator. Sprich, davon ausgehend ·· geht es darum, beide Bereiche der*
> *Entwicklung sicher zu stellen, damit die Mediation ihren Weg finden kann.*[200]

Verschiedene Aspekte werden angesprochen. Zum Einen verspricht der institutionelle Rahmen einen gewissen Grad an Anerkennung und Absicherung für die Mediatoren im Allgemeinen. Dies hängt nicht zuletzt damit zusammen, dass

---

198  Interview 3, S. 1.
199  Interview 3, S. 3.
200  Interview 3, S. 32.

die Strukturen des Landes grundsätzlich institutionalisiert sind. So funktioniert das bürokratische System. Dadurch ist es sehr viel schwerer, sich außerhalb dieser Strukturen zu bewegen. Von der Institutionalisierung verspricht sie sich außerdem, den Bekanntheitsgrad der Mediation zu steigern. Denn aus ihrer Sicht könnten ihre Techniken in vielen Bereichen zum Einsatz kommen, wie zum Beispiel in der Schule oder am Arbeitsplatz.

Zum Anderen könnte es aber auch für ihr eigenes Projekt einen Unterschied machen. Denn bisher fehlt es ihnen vor allem an Menschen, die an ihrem Angebot interessiert sind. Die Förderation kubanischer Frauen ist eine bekannte staatliche Organisation, die auch auf die Medien zurückgreifen kann. *„(...) wir wären bereit, Fälle anzunehmen, die sich dort melden, da es ein bekannter Ort mit größerer Verbreitung ist (...).“*[201]

## 5.8 Kulturelle Aspekte

Welche Wirkung aber hat das politische System auf die Verbreitung der Mediation? Da Kuba seit über 50 Jahren vom Sozialismus geprägt ist, kann davon ausgegangen werden, dass dieses System auch die kulturelle Ebene beeinflusst hat. Es gibt sowohl auf der wirtschaftlichen als auch auf der interpersonalen Ebene das Angebot, Mediation als alternative Konfliktlösungsstrategie zu nutzen. Die Wirtschaftsmediation kostet nur die Hälfte des üblichen Schiedsgerichtsverfahrens und das Projekt der zwei Interviewpartnerinnen ist (komplett) kostenfrei. Dennoch werden diese Angebote laut Interviewpartner noch nicht intensiv genutzt. Zwar dient ihnen ihre Qualifikationen als Mediatoren als Handwerkszeug im Alltag und im Beruf, doch zeigt sich auch ein gewisser Frust über die fehlende Nutzung und Wertschätzung ihres Berufes. Als sie durch das Interview angeregt wurden, Gründe für diese Situation zu nennen, wurden einige Male Aussagen wie diese getroffen. *„(...) die Kultur ist einfach nicht da. Es ist nicht in den Köpfen der Menschen, dass das nicht Dinge sind, die sich auf natürliche Weise regeln. Was normalerweise auftaucht sind Konflikte, sind Schwierigkeiten (...).“*[202] Um genauer zu verstehen, was das bedeutet, dass die *Kultur einfach nicht da ist*, wurden die Interviews nach den Kategorien *Freund- und Feindbild* und *Individualismus/ Kollektivismus* untersucht. Beide Kategorien hängen stark mit dem politischen System und den damit verbundenen strukturellen Gegebenheiten zusammen.

---

201  Interview 3, S. 44.
202  Interview 3, S. 13.

## 5.8.1 Freund- und Feindbild

*„Normalerweise gibt es einen Gewinner und einen Verlierer. In der Mediation kannst du erreichen, dass beide Seiten gewinnen, das ist von großem Vorteil."*[203] Die übliche Herangehensweise an Konflikte beinhaltet eine klare Definition von Gewinner und Verlierer. Daher sind die Kubaner auch daran gewöhnt, bei größeren Konflikten zu einer höheren Instanz zu gehen. *„Die Kubaner sind an den Gerichtshof oder das Schiedsgericht gewöhnt. Ich klage dich an und Schluss."*[204] Bei Gericht gibt es klare Strukturen, und die Konfliktparteien geben ihre Autonomie an eine Machtinstanz ab, welche über Recht und Unrecht entscheidet. Es gibt dabei kaum Raum für Kommunikation. Auch wenn es im Falle einer Scheidung um das Sorgerecht geht, wird deutlich, dass das Konzept der klaren Schuldfrage im Vordergrund steht.

> *„Das was du aufteilen musst. Vielleicht gibt es Kinder, und wenn es Kinder gibt, wie werden sie sich da einigen können? Das bleibt (dann?) bei den Leuten hängen. Die Frau hat meistens den Vorteil des Sorgerechts und sie fühlt sich auch in ihrem Recht. Aber die Rolle des Vaters wird komplett (zurückgestellt?) und der, der sich kümmern will fängt an zu leiden und was weiß ich die Frau nutzt ihre Macht aus, die sie hat, weil das Gesetzt hinter ihr steht. Aber auf keinen Fall ·· werde ich das sagen. Ich weiß es nicht, ich glaube dass es hier ein Abkommen bezüglich des Sorgerechts gab und was weiß ich so was, aber so was ist absolut formell. Und k e i n e r sagt danach was ······."*[205]

In dieser komplizierten Situation sollten die Bedürfnisse der Konfliktparteien und des Kindes beachtet werden. Stattdessen scheint sich hier die Gewohnheit des Rechts durchzusetzen. Die Mutter fühlt sich im Recht und wird traditionellerweise auch gesetzlich geschützt. In diesem Beispiel führt eine formelle Regelung der problematischen Situation zu einem Machtungleichgewicht und schränkt dadurch den Handlungsspielraum des Vaters stark ein. Ein hohes Potential für weitere Konflikte entsteht. Obwohl in dieser Situation eine alternative Konfliktlösungsstrategie hilfreich wäre, besteht die traditionelle Form weiter, ohne dass jemand etwas sagt oder daran ändert.

> *„Aber das ist nicht das, was die Menschen dazu bringen wird, für eine Mediation hierher zu kommen. Dass du ihnen sagst, schau mal, es wird verblüffend sein, es kostet weniger Zeit, du bist derjenige, der (entscheidet?) ······. Damit kommt hier keiner her. Denn es ist*

---

203   Interview 1, S. 2.
204   Interview 1, S. 3.
205   Interview 3, S. 37–38.

*einfach so, dass die Leute hier in diesem Land zum Richter gehen. (Im Augenblick?) ist es schon eine Sache .......*"[206]

Auch hier entsteht der Eindruck, dass die Gewöhnung an schiedsrichterliche Verfahren sehr groß ist. Die Frauen haben den Eindruck, dass rationale Argumente mit einem Appell an die Eigenverantwortung in der Konfliktlösung nicht greifen. Aber nicht nur bei Konflikten die vor Gericht ausgetragen werden, wird die Tendenz deutlich, dass es einen Wunsch nach einer eindeutigen Klärung der Schuldfrage gibt.

> *„Und die Menschen hier aus der Stadt stehen in Konkurrenz zueinander.*
>
> *\*Oh ja, und wie.*
>
> *\*Das heißt, wenn ich das mit den kleineren Gründen vergleiche, dann habe ich natürlich Recht und das was ich machen werde, ist angreifen, um zu erreichen, was du willst.*
>
> *\*Und Schuld ist natürlich der Andere.*
>
> *\*Und Schuld ist der Andere.*"[207]

Manchmal entsteht der Eindruck, dass in den Straßen Havannas nur diskutiert wird. Wenn man am *Parque Central* vorbeischlendert, kommt man an ca. 50 Männern jeden Alters vorbei, die lauthals diskutieren, sich anschreien und dabei wild gestikulieren. Im ersten Moment wirkt die Situation eher bedrohlich und sehr aggressiv. Diskutiert werden hier allerdings lediglich die neuesten Baseball-Ergebnisse und welches die bessere Mannschaft ist. Leidenschaftlich setzt sich jeder für sein Lieblingsteam ein und fühlt sich damit im Recht. Ähnliche Situationen finden sich auch bei anderen gesellschaftlichen Themen. Es fällt auf, dass jeder immer Recht haben will. Bei den meisten Streitigkeiten geht es vor allem darum, wer Recht hat und wer um Entschuldigung bitten muss. Erst wenn die Schuldfrage geklärt ist, wird eine Versöhnung möglich. Was steht hinter dieser Haltung?

> *„Wir leben seit Jahren in der Defensive und der Feind ist allgegenwärtig und organisiert sich, also ······. Das ist real! Und das (überträgt?) sich auch auf die Menschen. Du weißt das mit dem Feind und dass es ein Imperium ist. Das geht einem im Kopf herum, dass man dem Feind täglich begegnet, im Bus ···· du weißt Bescheid.*"[208]

Zum einen führen die Lebensumstände zu einer permanent defensiven Haltung. Nicht nur der sozialistische Staat muss sich auf weltpolitischer Ebene behaupten

---

206  Interview 3, S. 37.
207  Interview 3, S. 25–26.
208  Interview 3, S. 26.

und sein Vorgehen rechtfertigen. Auch die Bevölkerung fühlt sich ständig, von den USA bedroht. *„In (Bushs?) Reichweite zu sein, zu akzeptieren, was sie getan haben. Klar die Größenordnung und was weiß ich.* "[209] Das unbehagliche Gefühl, in unmittelbarer Reichweite *des Imperiums* zu sein, eine Zielscheibe darzustellen, sitzt sehr tief. Denn in der Vergangenheit gab es verschiedene, von Exilkubanern verübte Attentate, eines der schlimmsten war wohl der Bombenanschlag auf ein kubanisches Flugzeug 1976, bei dem alle Insassen umkamen. Auch Kubas Ökonomie ist nicht nur aufgrund seiner bürokratischen Planwirtschaft schwach, seine schwierige Wirtschaftslage ist auf das, von den USA verhängte, Handelsembargo zurückzuführen. Vor allem für die Lebensmittelversorgung hat dies verheerende Auswirkungen und verlangt dem kubanischen Volk tägliche kleinere und größere Opfer. Das führt zu dem Eindruck, dass der *Feind* allgegenwärtig ist. Bei jedem Engpass und jeder Notlage wird auf das Embargo verwiesen. Es herrscht also eine klare Unterscheidung zwischen Freund und Feind. Gleichzeitig darf dem Feind gegenüber keine Schwächen gezeigt werden, da der Eindruck vermittelt werden soll, dass es keinerlei Probleme gibt. Daher werden alle inneren Konflikte zurückgestellt, der Kampf gegen *das Imperium* steht im Vordergrund.

> *„Ja, man hat diese Kultur ······ mit all diesen Dingen die ······. Das hat dann mit der Kultur zu tun, der ·· bis hin zum Mut und was weiß ich, aber dass danach dann ·· danach an die Machete, zum Kampf, damit Köpfe rollen und weil der Feind ······. Na ja, Martí ()*"[210]

José Martí ist *der* kubanische Nationalheld. Während der Unabhängigkeitskämpfe des 19. Jahrhunderts hat er eine sehr wichtige Rolle gespielt, seine Schriften sind sehr bedeutsam für die kubanische Identitätsbildung. Für die Unabhängigkeit Kubas ist er im bewaffneten Kampf gefallen, obwohl die Generäle versucht haben, den Theoretiker und Rhetoriker von der Front fernzuhalten. Wegen seiner Opferbereitschaft und seinem großen Mut ist er auch im heutigen Kuba ein großes Vorbild.

> *„(...) ich sollte gar nicht erst damit anfangen, dass die ······ Geschichte absichtlich, vor allem seit () fünfzig Jahren, es wird nur auf einen der Blick gerichtet und nichts anderes wird beachtet. Aber das weiß man ja schon, so als Haltung und ganz oft ······ sogar für die großen Dinge, sogar gegen die Führung () ein Abkommen gegen verschiedene Personen, die Geschichte geschrieben haben.* "[211]

---

209  Interview 3, S. 29.
210  Interview 3, S. 26.
211  Interview 3, S. 28–29.

Für die Interviewpartnerin gibt es auch noch andere Personen, die für die kubanische Geschichte wichtig sind, die aber keine so große Aufmerksamkeit bekommen haben und größtenteils in Vergessenheit geraten sind. Dahinter vermutet sie die Absicht. Das Bild der stolzen und mutigen Kubaner zu fördern und deren Bereitschaft, Opfer für das große Ganze auf sich zu nehmen. Das Kollektiv ist wichtiger als die eigenen Bedürfnisse.

### 5.8.2 Kollektivismus/Individualismus

Immer wieder kamen Mediationen nicht zustande, weil andere Dinge als wichtiger angesehen wurden.

> „/Eh/ und eine weiter Erfahrung, wo sehr wohl () mit Mediation arbeiten, aber eine der beiden Seiten hat entschlossen die Sitzung zu verweigern, weil sie andere w i c h t i g e r e Dinge hatte die ihre Zeit beanspruchten aber das ist nicht ···· er konnte dem keine Zeit widmen. Eine () der Arbeit oder andere Sachen.“[212]

Besondere Überwindung kostet es, sich von den gesellschaftlichen Verpflichtungen frei zu nehmen um die eigenen Probleme zu lösen.

> „Und dann letztendlich, das eine Mal k o n n t e sie nicht, ·· sie kamen nie her. Aber ·· obwohl sie wissen, was Mediation ist und man könnte das Gegenteil erreichen, in der Beziehung von so (Manchen?) ·· kostet es Überwindung. Vor allem kostet es sie Überwindung, sich von der Arbeit oder dem Alltag frei zu nehmen, um hierher zu kommen und zu schauen, wie sie die Probleme, die sie mit ihrem Ehemann oder ihrem Kind lösen können.“[213]

> „Im Bezug auf genau diese Kultur von 50 Jahren Revolution und all das, ne. Na ja, ich glaube für mich (gibt?) es eine Sache, die ich einsehe: Es ist wichtig, eine Arbeitsmoral zu schaffen. Das Gefühl, dass sie sozial /eh/ anerkannt () sind. Nichtsdestotrotz, die Dinge die persönlicher sind, werden nicht so beachtet, das heißt es ist so als /eh/ diese Dinge gehen nur mich etwas an und ich darf ihnen nicht zu viel Zeit widmen /eh/ na ja, das ist ein Blick aus meiner Erfahrung, von einer Erfahrung die ich mit Claudia hatte, von dem ...... es ist einfacher zu sagen ·· und es ist besser angesehen, zu sagen, dass man dem nicht Zeit einräumen kann, um das g a n z e Problem mit meiner S c h w e s t e r zu lösen, was uns sogar dahin gebracht hat, die Polizei zu rufen, ·· dass ······ (...) Um es mit meiner Schwester hier zu lösen, als ·· als bei meiner Arbeit zu fehlen um herzukommen ······ das heißt, ich darf bei der Arbeit nicht fehlen um herzukommen und mein Problem zu lösen. Die Priorität ist, zur Arbeit zu gehen, eine gute Arbeitskraft zu sein, was alle Welt anerkennen kann, als ······ Es ist () Sache ·· als nicht ······ Die Prioritäten haben mit dieser Kultur zu tun, mit dem ·· dem was sozial anerkannt ist, dass man sich ·· sehr (öffnet?) und dass

---

212  Interview 3, S. 49–50.
213  Interview 3, S. 15–16.

*manchmal diese Intimität so bleibt, als ob ·· als ob ich immer noch Zeit habe, ich immer noch kann, immer noch ······.*

*\*Sogar schlecht angesehen, wenn du dem zu viel Beachtung schenkst. Du priorisierst, ziehst deine Probleme der (Identität?) vor und er denkt immer nur an sein zu Hause und und so weiter und er interessiert sich für nichts Anderes. Oder du bevorzugst immer nur so was oder du bist krank oder du hast was weiß ich und () sich. Also das ist ·· sogar schlecht angesehen. Wir erkennen wenn, wenn man sieht, dass die Leute ·· mit der Arbeit vorankommen oder diese Sachen der Gesellschaft, ne. Und es sollte eben nicht schlecht angesehen sein."[214]*

Bei der interpersonalen Mediation geht es darum, individuelle Probleme zu lösen, die Individuen sind autonom und übernehmen Verantwortung für ihren Konflikt und den Lösungsprozess. Im sozialistischen Kuba liegt die Priorität allerdings nicht bei der Lösung individueller Probleme, aus denen der Einzelne einen Nutzen zieht. Die gültige Norm fordert eine gute Arbeitsmoral und die Erfüllung der gesellschaftlichen Verpflichtungen. Priorität hat die Gruppe und das Wohl aller. Es scheint schwer, einige Grundprinzipien der Mediation damit in Einklang zu bringen.

*„Und die andere Sache die auch damit zusammenhängt, hat mit dem kulturellen Aspekt zu tun, sich davor zu verschließen, Hilfe zur Bearbeitung von Probleme zu suchen, die womöglich noch privater Natur sind, oder die man nicht versuchen sollte alleine zu lösen. Chloe und ich haben darüber mit einem argentinischen Freund gesprochen. In Argentinien ist es normal, dass du deinen Therapeuten hast. Hier ist es anormal, dass du zu einem Therapeuten gehst. Also ·· das heißt, es gibt einen kulturellen Aspekt in Hinsicht auf die Inanspruchnahme gewisser Spezialisten. Vielleicht hast du () am Fuß und dann gehst du zum Arzt und das kostet weniger Überwindung (). Aber wenn es um ·· suggestivere Dinge geht, persönlichere, intimere, dann kostet es uns immer noch Überwindung."[215]*

Nicht nur die Mediation wird selten als Möglichkeit der Konfliktlösung wahrgenommen, auch jegliche Inanspruchnahme psychologischer oder therapeutischer Betreuung ist verpönt. *„Damit die Leute entscheiden, jemanden aufzusuchen, muss es schon ······ ((schüttelt mit der Hand, bedeutet Schlechtes)) sein."[216]* Dies kann wieder auf den Stellenwert persönlicher Probleme in der Gesellschaft zurückzuführen sein. Aber auch ein weiterer Aspekt scheint hier eine Rolle zu spielen.

*„Bei jeglicher Hilfe in dieser Art und Weise sieht man, dass sich die Leute beschweren, dass die Leute immer fähig sein sollten, ihre Probleme selber zu lösen. Und dass, wenn man Hilfe braucht, das ein Zeichen der Schwäche ist, /eh/ man akzeptiert das Problem (na ja?), als ob es ·· obwohl das Angebot unterschiedlich (wäre?) oder mit anderen Sachen zu tun hätte /eh/*

---

214 Interview 3, S. 18–20.
215 Interview 3, S. 15.
216 Interview 3, S. 35.

*so wie du eben psychologische Hilfe aufsuchen musst. Das macht einen schlechten Eindruck. Einen so schlechten, bis hin zur (innersten Verformung in der?) professionellen psychologischen Ausbildung. Denn immer noch werden die Leute ausgebildet, mit dem Glauben, dass der Psychologe oder die Psychologin Menschen sind, die keine Probleme haben dürfen. Die keine Hilfe brauchen. Und dass man sehr damit (kämpfen?) (muss?), mit eben dieser Beklommenheit, die sich schon immer der beruflichen Leistung hinzufügt hat. Dass man sich verstellen muss, wenn man eine Praxis aufmacht ·· nun gut, egal was im (Leben?), denn sie ecken ständig an mit ihren ······, und sie kehren sogar immer wieder zu ihren eigenen Problemen zurück. Aber sie müssen so tun, als wären sie perfekt. Sie sind perfekt, sie sind keine Menschen mehr, sie sind Spezialisten, sie sind Professionelle, sie sind Menschen, was weiß ich, die nicht ·· die sie nicht haben dürfen. Die sie sogar unterdrücken müssen und ist anstrengend. Und ich glaube im Fall von der professionellen Mediation zu denken dass man Hilfe benötigt um die Probleme in der Beziehung zu lösen, die (eigenen), der Familie, /eh/ so wie ·· so als ob, als ob wir es in die Öffentlichkeit (tragen?) werden. Die Dinge von zu Hause sind bis hin zu () sehr gewichtig. Das kommt nicht raus, darüber redet man nicht. Es geht teilweise sogar darum, Dinge zu verschweigen. Und /eh/ und genauso ·· die Pärchen, misch dich () nicht ein. Bei einer Beziehung sollte sich niemand einmischen. Was ·· zu denken, dass (der andere?) müsste, dass der sich nicht einmal einmischen möchte (bei?) den Leuten und die Möglichkeit () dass du derjenige seiest, der ······."*[217]

Hilfe zu brauchen gilt als Zeichen für Schwäche. Die politische Lage erfordert, keine Schwäche zu zeigen, sondern in der Lage zu sein Probleme selber zu lösen. Und dass man auch schon ein halbes Jahrhundert die schwierigen Umstände überlebt hat, ist eine Bestätigung der eigenen Fähigkeiten. Diese Normen und Werte beeinflussen sogar das Bild, das man über Psychologen hat. Als Spezialisten in diesem Bereich, dürfen sie keine Probleme haben, auf keine Hilfe angewiesen sein.

Mediation als alternative Methode der Konfliktlösung auf Kuba zu nutzen, scheint ein schwieriges Unterfangen zu sein.

*„Wenn sie zu mir also sagen: ,Nein, die Mediation ist eine alternative Methode der Konfliktlösung.' Ja, in einigen Ländern mag es eine alternative Methode sein. Hier glaube ich nicht, dass es eine Alternative ist. Hier ist das eine ganz andere Geschichte. () die Mediation entstand in Kuba nicht als Alternative im juristischen Bereich, noch glaube ich dass es sich zur Alternative im juristischen Bereich entwickeln wird, das ist eine andere Geschichte. Eine andere Geschichte der Mediation."*[218]

Hier wird gleichzeitig Erstaunen darüber ausgedrückt, dass die Wirtschaftsmediation noch nicht genutzt wird, obwohl sie auch finanzielle Vorteile hat.

---

217  Interview 3, S. 16–17.
218  Interview 3, S. 36.

*„Und das obwohl es für die Menschen ja () von echtem Vorteil ist? Du sparst was weiß ich wie viel Geld und ich meine die Firmen werden das nicht für die Menschen vorschlagen, sondern weil die Konflikte die bis vors Gericht kommen auch ganz schön Geld kosten, die (Gesundheit?), auf die sich (das alles?) überträgt, das sind Dinge ······. Damit die Leute entscheiden, jemanden aufzusuchen, muss es schon ····· ((schüttelt mit der Hand, bedeutet schlechtes)) sein."*[219]

Dies scheint eine weitere Bestätigung der Annahme, dass die gesellschaftlichen Normen so sehr verinnerlicht sind, dass Ihnen nicht mit rationalen Argumenten zu begegnen ist. Allerdings sind sich die Interviewpartner hier selber nicht sehr sicher. Vielleicht braucht dieser Prozess nur mehr Zeit.

*„Denn es gibt Geschichten, dass sie es gerade aufbauen, wo ich denke, dass es eine () die mit Zeit zu beurteilen ist, aber das hat auch mehr damit zu tun, die Menschen für die Wichtigkeit zu sensibilisieren, die sie hat, /eh/ die interpersonalen Konflikte zu leiten /eh/ indem man Hilfe sucht."*[220]

Immerhin hat sich schon ein Netzwerk interessierter Menschen gebildet, die sich intensiv mit dem Konzept Mediation auseinandersetzen, von ihrer Wirkungsweise überzeugt sind und viel Engagement in ihre Verbreitung stecken. *„Die ernsthafte Weiterentwicklung der Mediation ist unabdingbar, daher ist sie auch so langsam."*[221] Da eine nachhaltige Implementierung angestrebt wird, ist es diesem Interviewer (der maßgeblich an der Entwicklung und Förderung der Mediation beteiligt ist) wichtig, sich Zeit dafür zu nehmen, um einen gewissen Standard zu sichern. *„Es gibt viele Modelle die sich voneinander unterscheiden. Daher Vorsicht! Man darf sie nicht einfach nur adaptieren."*[222] Es wird deutlich, dass sich mit verschiedenen Modellen der Mediation auseinandergesetzt wird, und Vor- und Nachteile reflektiert werden.

---

219  Interview 3, S. 35.
220  Interview 3, S. 36.
221  Interview 2, S. 6.
222  Interview 2, S. 3.

# 6 Fazit und Ausblick

Das Ziel der Studie war es herauszufinden, ob und in welchem Maße Mediation auf Kuba existiert. Um einen Vergleich zu ermöglichen, wird von dem Modell der Mediation ausgegangen, welches sich in Europa und den USA etabliert hat. Vor allem Grundprinzipien und der Ablauf des Mediationsverfahrens bieten Anhaltspunkte zur vergleichbaren Orientierung. Dennoch hängt der Verlauf jeder einzelnen Mediation stark von einzelnen Faktoren wie Konfliktform und Qualifikationen des Mediators ab. Keine Mediation gleicht einer anderen. Dieser Studie lag dementsprechend die Frage zugrunde, welches Modell von Mediation auf Kuba genutzt und in welcher Form umgesetzt wird. Des Weiteren galt es, den Blick auf die Bevölkerung zu richten: ist Mediation für sie eine bekannte und anerkannte Möglichkeit der Konfliktlösung? In welchen Anwendungsbereichen finden sich Angebot und Nachfrage von Mediation?

Die ausführliche Analyse der Experteninterviews und Beobachtungsprotokolle führte innerhalb der Ergebnisse zu einer notwendigen Unterscheidung zwischen Theorie und Praxis: auf theoretischer Ebene gibt es eine intensive Auseinandersetzung mit verschiedenen Modellen der Mediation, welche sich vor allem in der kubanischen Literatur zur Mediation widerspiegelt. Die Grundprinzipien und Phasen der westlich geprägten Mediation werden in diversen Aus- und Fortbildungen weitergegeben, die Kommunikationstechniken anhand von Simulationen lehren. Den kubanischen Mediatoren fehlt es allerdings an Möglichkeiten, ihr theoretisches Wissen auch in reellen Konflikten praktisch anwenden zu können. Das liegt zunächst vor allem daran, dass das Angebot von der Bevölkerung nicht, oder nur sehr wenig angenommen wird. Die Interviewpartner versuchen das ausbleibende Interesse zu verstehen. Die Erklärungsmuster, die gezeichnet werden, hängen eng mit dem politischen System des sozialistischen Kubas zusammen. Die bürokratische Infrastruktur limitiert die Eigeninitiative von Mediatoren grundlegend. Ohne offizielle Legitimation ist es aus Sicht der Mediatoren schwierig, über das für Kuba neue Modell der Mediation zu informieren. Der Zugang zur Nutzung der staatlichen Medien ist eingeschränkt, Internet und medialer Raum sind verhältnismäßig kaum vorhanden und bieten somit wenig Möglichkeit einer erfolgreichen Werbung und Verbreitung von Mediation als angemessenes Konfliktbearbeitungsmodell.

Weiterhin finden die Interviewpartner Erklärungen auf kulturspezifischer Ebene. Denn mittlerweile hat sich in Havanna ein Netzwerk von Menschen gebildet, denen Mediation ein Begriff ist. Aus Sicht der kubanischen Mediatoren könnten ihre Mediationsdienste dennoch weitaus verbreiteter sein und mehr genutzt werden. Schließlich sind sie selbst von dem Verfahren der alternativen Konfliktlösung überzeugt und haben auch privat viel aus den Fortbildungen profitiert.

Aufgrund dieser in den Befragungen vorgebrachten Erklärungsansätze liegt die Vermutung nahe, dass sich die kollektivistisch orientierte Gesellschaftsform des sozialistischen Kuba an anderen Normen orientiert, als das westliche Modell der Mediation. So gab es beispielsweise mehrere Fälle, in denen Mediationsverfahren seitens einer Konfliktpartei abgebrochen wurden, da für diese die gesellschaftlichen Verpflichtungen wichtiger waren, als die individuellen Probleme. Gleichzeitig erscheint es den Medianden unüblich, fremde Hilfe zur Lösung persönlicher Probleme zu suchen, da dies als Zeichen der Schwäche gewertet wird.

Die Theorie der Interdependenz zwischen gesellschaftlichem Wandel und Mediation führt zu einer weiteren Schlussfolgerung. Die erste Annäherung an das westlich geprägte Modell von Mediation lässt sich Anfang der 1990er Jahre, im Kontext einer generellen Öffnung des Landes, beobachten. Der Zusammenbruch des ehemaligen Ostblocks führt zu wirtschaftlichen und damit einhergehenden sozialen Umbrüchen. Davon ausgehend, dass *„Mediation [...] als Spiegel der Bedürfnisse einer bestimmten Gesellschaft in einer bestimmten zeitlichen Epoche gelten [kann],"*[223] könnte dies bedeuten, dass sich die gesellschaftlichen Bedürfnisse der kubanischen Gesellschaft verändert haben. Veränderte Voraussetzungen des gesellschaftlichen Miteinanders könnten eine neue Konfliktlösungsstrategie erfordern. Mediation als Verfahren der alternativen Streitschlichtung soll dieses neu entstandene Bedürfnis stillen. Da sich die kubanische Bevölkerung gerade mitten im Prozess des gesellschaftlichen Wandels und mitten in der Auseinandersetzung mit dem Modell der Mediation befindet, erfordert ihre Etablierung zur breiten Nutzung und Akzeptanz der Kubaner wie andere Umstrukturierungsprozesse auch viel Zeit.

Weitere Hinweise, gibt eine Verbindung zur Studie von Wall zur chinesischen Ausprägung von Mediation. Die chinesischen Mediatoren haben ein anderes Verständnis bezüglich ihrer Rolle als Mediator als die europäischen Mediatoren. Während ihrer Arbeit beziehen sie z. B. deutlich Stellung. Wall führt dies unter anderem auf die Charakterzüge der kollektivistischen Gesellschaft zurück. Die Mediatoren appellieren auf emotionaler Ebene an die Konfliktparteien und betonen dabei die Wichtigkeit der Harmonie für die Gruppe.

---

223 Vgl. Busch, D.: Der Einfluss situativer Missverständnisse in interkulturellen Kontaktsituationen, S. 164.

In der Kategorie *Kritik an der Qualität*, findet sich genau dieser Unterschied in der Rollenwahrnehmung wieder. Die beiden Interviewpartnerinnen werfen anderen Mediatoren vor, das westlich geprägte Grundprinzip der Allparteilichkeit nicht zu erfüllen. Weiterhin würden Lösungsvorschläge unterbreitet, statt die Konfliktparteien zur Findung eigener Lösungsmöglichkeiten anzuregen. Ihnen kommt diese Verhaltensweise "falsch" vor und sie befürchten, dass sich unter der Bevölkerung ein unstimmiges Bild des Mediationsverfahrens entwickelt. Mit Blick auf die Untersuchungen von Wall könnte es sein, dass die kritisierten Mediatoren das Modell für sich adaptieren und nach ihren Wertvorstellungen verändern. Sie ziehen die für sie passenden Elemente und Techniken des westlichen Modells heraus und wandeln andere entsprechend ihrer kulturspezifischen Erfordernisse ab.

Die Frage, in welcher Phase des Adaptionsprozesses sich die kubanische Gesellschaft im Hinblick auf die Mediation befindet, kann nicht abschließend geklärt werden. In der vorliegenden Studie wurden vor allem subjektive Eindrücke von Experten untersucht, aus denen keine generalisierenden Rückschlüsse gezogen werden können. Dennoch können die vorliegenden Ergebnisse der subjektiven Berufserfahrungen und Ansichten Anhaltspunkte liefern, die nahelegen, dass sich die kubanische Bevölkerung gerade in einem Umbruchsprozess befindet.

Den kubanischen Mediatoren stellt sich die Frage, was sie tun können um ein breiteres Publikum zu erreichen. Wie sollte sich ein Mediationsverfahren gestalten, damit es für die kubanische Bevölkerung als eine anerkannte Alternative der gewaltfreien Konfliktlösung angenommen wird? Diese Frage werden die Akteure letztlich nur beantworten können, wenn sie das Verfahren in der Praxis ausprobieren und verschiedene Strategien vergleichen.

Wenn das westliche Modell von Mediation als ein Anhaltspunkt für die eigene Auseinandersetzung dient, kann sich ein Diskurs entwickeln so wie es beim Beispiel der Allparteilichkeit geschehen ist.

Um diese Praxis zu professionalisieren wäre es wichtig, dass die vorliegenden Erfahrungen erweitert, aber auch wieder auf theoretischer Ebene ausgewertet werden. Dann können sich, auf der Grundlage einer eigenen Gesellschaftsanalyse, gültige Qualitätskriterien herausbilden.

# 7 Quellen

## Literaturverzeichnis

**Altmann, Gerhard/ Fiebiger, Heinrich/Müller, Rolf:** Mediation: Konfliktmanagement für moderne Unternehmen. Beltz, Weinheim 1999.

**Ayorinde, Christine:** Afro-Cuban Religiosity, Revolution, and National Identity. University Press of Florida, Gainsville 2004.

**Barnet, Miguel:** Alle träumten von Cuba. Die Lebensgeschichte eines galicischen Auswanderers. Suhrkamp, Frankfurt am Main 1988.

**Berger, Peter L./Luckmann, Thomas:** Die gesellschaftliche Konstruktion der Wirklichkeit. Fischer, Frankfurt 2000.

**Besemer, Christoph:** Mediation. Vermittlung in Konflikten. Stiftung Gewaltfreies Leben, Königsfeld 1997.

**Blanche, Martin Terre/Durrheim, Kevin/Painter, Desmond (Hg.):** Research in Practice. Applied Methods For The Social Sciences. University of Cape Town Press, Cape Town 2006.

**Burchhardt, Hans-Jürgen:** Kuba. Im Herbst des Patriarchen. Schmetterling-Verlag, Stuttgart 1999.

**Busch, Dominic:** Der Einfluss situativer Missverständnisse in interkulturellen Kontaktsituationen. Exemplarisch dargestellt an Gesprächen polnischer und deutscher Studierender. Ibidem Verlag, Stuttgart 2003.

**Castanedo Abay, Armando:** Mediación para la gestión y solución de conflictos. Manual teórico práctico. Ediciones ONBC, La Habana 2009.

**Castanedo Abay, Armando:** La Mediación en el Comercio Global. Doctrina y Práctica. Editorial Universitaria del Ministerio de Educación Superior, La Habana 2011.

**Conde, Yvonne M.:** Operation Pedro Pan. The untold exodus of 14.048 Cuban Children. Routledge, New York 1999.

**Dröscher, Barbara:** Havanna Lektionen. Kuba zwischen Alltag, Kultur und Politik. Verlag Walter Frey, Berlin 2011.

**Dulabaum, Nina L.:** Mediation: Das ABC. Die Kunst in Konflikten erfolgreich zu vermitteln. Beltz, Weinheim 2000.

**Fuentes Àvila, Mara:** Mediación en la solución de conflictos. Publicaciones Acuario, La Habana 2007.

**Geertz, Clifford:** Dichte Beschreibung. Beiträge zum Verstehen kultureller Systeme. Suhrkamp, Frankfurt 1983.

**Girtler, Roland:** Methoden der Feldforschung. Böhlau, Wien 2001.

**Gläser, Jochen/Laudel, Grit:** Experteninterviews und qualitative Inhaltsanlayse als Instrument rekonsturierender Untersuchungen. VS Verlag für Sozialwissenschaften, Wiesbaden 2009.

**Gross, Horst-Eckart/Thüsing, Klaus (Hg.):** Adelante Kuba! Wege einer Revolution. Edition Marxistische Blätter, Neuss 1989.

**Hansing, Katrin:** Rasta, Race and Revolution. The Emergence and Development of the Rastafari Movement in Socialist Cuba. LIT Verlag, Berlin 2006.

**Haumersen, Petra/ Liebe, Frank:** Multikulti: Konflikte konstrutkiv. Trainingshandbuch. Mediation in der interkulturellen Arbeit. Verlag an der Ruhr, Iserlohn 1999.

**Helfferich, Cornelia:** Die Qualität qualitativer Daten. Manual für die Durchführung qualitativer Interviews. VS Verlag für Sozialwissenschaften, Wiesbaden 2011.

**Hoffmann, Bert** (with Laurence Whitehead): Cuban Exceptionalism Revisited, GIGA Working Paper No 28, Hamburg September 2006. In: Bert Hoffmann and Laurence Whitehead (ed.): Debating Cuban Exceptionalism. Palgrave, New York/London 2007.

**Hoffmann-Riem, Christa:** Das adoptierte Kind. Familienleben mit doppelter Elternschaft. Wilhelm Fink Verlag, München 1989.

**Holler, Ingrid:** Trainingshandbuch Gewaltfreie Kommunikation. Abwechslungsreiche Übungen für Selbststudium, Seminare & Übungsgruppen. Jungfermann Verlag, Paderborn 2003.

**Hossenfelder, Malte:** Der Wille zum Recht und das Streben nach Glück. Grundlegung einer Ethik des Wollens und Begründung der Menschenrechte. C. H. Beck, München 2000.

**Koenen Gerd:** Traumpfade der Weltrevolution. Das Guevara-Projekt. Kiepenheuer & Witsch, Köln 2008.

**Manke, Albert:** Neue Aspekte der Gründung und Organisation der Revolutionären Nationalmilizen Kubas, 1959–1961. In: Cristina Eßer, Marieke Göttsch, Johanna Hartmann u.a. (Hg.): Kuba. 50 Jahre zwischen Revolution, Reform und Stillstand? Wissenschaftlicher Verlag Berlin, Berlin 2011.

**Macdonald, Mandy:** Cuba. A quick guide to customs & etiquette. Kuperard, London 2006.

**Mayer, Claude-Hélène/ Boness, Christian M.:** Interkulturelle Mediation und Konfliktbearbeitung. Bausteine deutsch-afrikanischer Wirklichkeiten. Waxmann, Münster 2004.

**Nau, Stephanie:** Lokale Akteure in der Kubanischen Transformation: Reaktionen auf den internationalen Tourismus als Faktor der Öffnung, ein sozialgeographischer Beitrag zur aktuellen Kuba-Forschung aus emischer Perspektive. Selbstverl. Fach Geographie der Univ. Passau, Passau 2008.

**Niese, Steffen:** Die deutsche Kuba-Politik seit 1990. Bilanz und Perspektiven. PapyRossa Verlag, Köln 2010.

**Pade, Werner:** Sozialismus in Kuba. Dietz Verlag, Berlin 1988.

**Petermann, Franz/Pietsch, Katharina (Hg.):** Mediation als Kooperation. Otto Müller Verlag, Salzburg/Wien 2000.

**Picard, Cheryl A.:** Mediación en conflictos interpersonales y de pequeños grupos. Publicaciones Acuario, La Habana 2007.

**Prieto, José Manuel:** Die kubanische Revolution und wie erkläre ich sie meinem Taxifahrer. Suhrkamp, Frankfurt am Main 2008.

**Rosenberg, Marshall B.:** Das Herz gesellschaftlicher Veränderung. Wie sie ihre Welt entscheidend umgestalten können. Gewaltfreie Kommunikation: Die Idee & ihre Anwendung. Jungfernmann Verlag, Paderborn 2004.

**Rosendahl, Mona:** Inside the Revolution. Everyday life in socialist Cuba. Cornell University Press, Ithaca 1997.

**Rojas Blaquier, Angelina:** La unidad como factor de triunfo. El PSP y la lucha de liberación nacional, 1952–1961. In: Cristina Eßer, Marieke Göttsch, Johanna Hartmann u.a. (Hg.): Kuba. 50 Jahre zwischen Revolution, Reform und Stillstand? Wissenschaftlicher Verlag Berlin, Berlin 2011.

**Steininger, Rolf:** Die Kubakrise 1962. Dreizehn Tage am atomaren Abgrund. Olzog, München 2011.

**Schmidt, Bettina E.:** Von Geistern, Orishas und den Puertoricanern. Zur Verbindung von Religion und Ethnizität. Curupira, Marburg 1995.

**Vogler, Petra:** Interkulturelle Erziehung als Globalisierungsalternative. Interkulturalität und Pädagogik in Mexiko und Kuba und die Relevanz kreativ-künstlerischer Bildung. Peter Lang, Frankfurt am Main 2007.

**Wall, James A.:** Mediation in the People's Republic of China. In: Rahim, Afzalur M. (Hrsg.): Theory and Research in Conflict Management. Praeger, New York 1990, S. 109–119.

**Watzlawick, Paul:** Die erfundene Wirklichkeit. Wie wissen wir, was wir zu wissen glauben? Piper, München 2002.

**Wehrli, Angelica:** ¡Viva la creatividad! LIT Verlag, Wien 2009.

## Zeitschriftenartikel

**Henkel, Knut:** Zurück in die Spezialperiode. „Gustav" und „Ike" zerstören viele Wichtige produktive Strukturen der Insel, in: Lateinamerikanachrichten, Ausgabe 413 vom November 2008. S. 4–6.

Johnson, Burke R.: Examining the validity structure of qualitative research. Education, 118 (3), 1997. S. 282–292.

## Internetquellen

Amnesty Report 2011: Kuba, http://www.amnesty.de/jahresbericht/2011/kuba? destination=node%2F2965, Stand: 12.1.2012.

Ben-Gurion, David: Fidelito aus dem Busch, http://www.spiegel.de/spiegel/ print/d-42624312.html, Artikel vom 14.1.1959, Stand: 10.2.2012.

Bundesverband Mediation: http://www.bmev.de/index.php?id=bm-nachrichten _77, Stand: 21.1.2012.

Cave, Damien: Americans and Cubans still mired in distrust, http://www. nytimes.com/2011/09/16/world/americas/america-cuba-relations-still- mired-in-distrust.html?_r=1&pagewanted=all, Artikel vom 15.9.2011, Stand: 8.1.2012.

Gelockertes Embargo: Obama bringt Change in die Kuba-Politik, http://www. ftd.de/politik/international/:gelockertes-embargo-obama-bringt-change-in- die-kuba-politik/499812.html Artikel vom 14.4.2009, Stand: 8.1.2012.

Hohmann, Jutta: Erklärung zur Verabschiedung zum Gesetz zur Förderung der Mediation, S. 2, http://www.bmev.de/fileadmin/downloads/newsletter/ bm-nachrichten_2011-12.pdf, Stand: 16.2.2012.

Hoffmann, Bert: Wie reformfähig ist Kubas Sozialismus? Online-Publikation, http://www.giga-hamburg.de/content/staff/hoffmann/publications/hoffmann_ reform_kuba.pdf, Stand: 7.1.2012.

Kubanische Vorsicht, http://archiv.sueddeutsche.de/554386/000/2839252/ Kubanische-Vorsicht.html Artikel vom 9.4.2009, Stand: 8.1.2012.

Lobe, Jim: Saft weg für Propagandasender. US-Senat kritisiert antikubanisches „Radio Martí" wegen Geldverschwendung und Lügenpropaganda, http:// www.ag-friedensforschung.de/regionen/Kuba/us-sender.html, Artikel vom 7.5.2010, Stand: 12.1.2012.

Mabry, Donald J.: Cuba 1934–52, http://www.historicaltextarchive.com/sections. php?action=read&artid=683, Stand: 10.2.2012.

Niese, Steffen: Kubas Weg aus der Krise, http://www.ag-friedensforschung.de/ regionen/Kuba/aufbau2.html, Artikel vom 21.4.2009, Stand: 12.1.2012.

Neuber, Harald: Kuba will Gleichheit statt Gleichmacherei. Raúl Castro beklagt "bürokratische Widerstände" und "Dummheiten", http://www.ag- friedensforschung.de/regionen/Kuba/gleichheit.html, Artikel vom 3.8.2011, Stand: 12.1.2012.

**Neuber, Harald:** Raúl Castros letztes Gefecht. Raúl Castro will den Sozialismus perfektionieren, http://www.ag-friedensforschung.de/regionen/Kuba/parteitag 7.html, Artikel vom 21.4.2011, Stand: 12.1.2012.

**Neuber, Harald:** Wachsende Kritik an Kuba-Kritikern. Weiterer Regierungsgegner im Hungerstreik - Intellektuelle beklagen Kampagne, http://www.ag-friedensforschung.de/regionen/Kuba/kampagne2.html, Artikel vom 23.3.2010, Stand: 12.1.2012.

**Offizielle Seite der kubanischen Handelskammer:** Costos de los servicios de Mediación, http://www.camaracuba.cu/index.php?option=com_content& view=article&id=77:menucortecostosdediacion&catid=37:arbitraje& Itemid=87, Stand: 5.9.2011.

**Offizielle Seite der kubanischen Handelskammer:** La Mediación. Otra Alternativa a la solución de los conlictos comerciales, http://www.camaracuba. cu/index.php?option=com_content&view=article&id=76&Itemid=86, Stand: 5.9.2011.

**Offizielle Seite der kubanischen Botschaft in Deutschland:** Información general de Cuba, http://www.cubadiplomatica.cu/alemania/ES/ConozcaCuba/ InformaciónGeneral.aspx, Stand: 5.1.2012.

**Offizielle Seite des Statstischen Bundesamtes, Kuba:** Población por color de la piel y grupos de edades, según zona de residencia y sexo, http://www.cubagob. cu/otras_info/censo/tablas_html/ii_3.htm, Stand: 8.1.2012.

**Scheer, André:** Votum gegen Obama. Die UN-Vollversammlung verurteilt zum zwanzigsten Mal die US-Blockade gegen Kuba. Handelskrieg auch auf Deutschland ausgedehnt, http://www.ag-friedensforschung.de/regionen/Kuba/un-gv. html, Artikel vom 26.10.2011, Stand: 12.1.2012.

**Scheer,André:** Lange Leitung gegen Blockade. Google sperrt kubanisches Internetportal aus. Ein Kabel nach Venezuela soll Internetverbindungen verbessern, http://www.ag-friedensforschung.de/regionen/Kuba/kabel.html, Artikel vom 25.1.2011, Stand: 12.1.2012.

**Unheilbar romantisch,** http://www.spiegel.de/spiegel/print/d-42622469.html, Artikel vom 2.9.1959, Stand: 10.1.2012.

**Zeuske, Michael:** Fidel Castro und die Geschichte Kubas, http://www.bpb.de/ themen/U2O311,1,0,Fidel_Castro_und_die_Geschichte_Kubas.html, Stand: 10.1.2012.

# 8 Anhang

## Anhang 1

### Untersuchungsfrage

Welche Konfliktlösungsstrategien werden auf Kuba angewendet?
Gibt es eine Vermittlung durch eine neutrale Dritte Person?
Ob dies in Wirtschaftsorganisationen oder im sozialen Kontext untersucht wird, hängt davon ab, in welchem Bereich sich Interviewpartner finden lassen

### Leitfragen

Können Sie sich an einen Konflikt erinnern und mir erzählen, was damals passiert ist?
Wer waren die Konfliktparteien?
Haben sich die Konfliktparteien freiwillig zusammen gesetzt?
War eine dritte Person anwesend? Welche Rolle hatte diese Person und wie hat sie sich verhalten?
Welche Lösung wurde gefunden? Wie lange hat der Lösungsprozess gedauert?
Welche Art der Kommunikation wurde angewandt?
Waren Hierarchien spürbar?
Was denken Sie, wie haben sich die Konfliktparteien gefühlt (vorher - nachher)?
Wie würden sie die Werte beschreiben, die dem Verhalten der Konfliktparteien zu Grunde lagen?
Welche Rolle spielten Aspekte wie Alter, Religion oder Gender?
Welche Rolle spielte das Thema Schuld?
Wurden Entschuldigungen ausgesprochen?

### Leitfragen für Mediatoren

Im Jahre 2007 hat die juristische Kammer die Mediation offiziell institutionalisiert, und stellt nun den Service der Mediation zur Verfügung. Wenn es mir gelingt diese offiziellen Mediatoren zu interviewen, sind folgende Leitfragen interessant.

Warum wurde 2007 die Mediation offiziell institutionalisiert?
Gab es einen speziellen Grund für die Einführung?
SchlüsselmomentWie wurden vor 2007 Konflikte gelöst?
Wo liegt der Unterschied zwischen Heute und Damals?
Wird das Angebot stark genutzt?
Wer nutzt es?
Wer trägt die Kosten und wie hoch sind sie?

Welchen Bekanntheitsgrad hat das Angebot der Kammer?

Welchen Ruf/Akzeptanz hat die Mediation?

Wie nehmen Sie ihre Rolle als Mediator wahr?

Hatten Sie auch schon Sitzungen in denen es zu keiner Lösungsfindung gekommen ist?

Nehmen Sie es manchmal als belastend wahr, sich so viel mit Konflikten auseinanderzusetzen?

Wenn ja, wie gehen Sie mit diesem Stress um?

Hatten Sie auch schon Sitzungen in denen es zu keiner Lösungsfindung gekommen ist?

# Anhang 2

## Kontext Interview 1

Das Interview mit dem ca. 45 Jahre alten, männlichen Anwalt und Mediator fand in einer (staatlichen) Kanzlei an dessen Arbeitsplatz statt. Wir saßen uns in einem recht kleinen Büro an einem Schreibtisch gegenüber. Der Tisch war voll mit Büchern und Akten und nebenher lief der Computer. Von vornherein vermittelte mir der Interviewpartner, dass es eigentlich gar nicht viel zu erzählen hätte. Ich wies ihn darauf hin, dass das Gespräch absolut anonym bleibe und bat ihn, das Tonbandgerät benutzen zu dürfen. Diese Bitte wies er energisch ab, sein Unbehagen war ihm deutlich anzumerken. Die Antworten auf meine Fragen wurden meist einsilbig beantwortet. Ich versuchte meine Fragen offener zu formulieren um die Gesprächsbereitschaft ein wenig mehr anzuregen, allerdings erfolglos. Oftmals bezog sich der Anwalt auf Daten und Fakten und wollte nicht über seine Sicht der Dinge sprechen. Er überspielte mir Material (wie z.B. Mediations-Fallbeispiele) auf meinen USB Stick, mit dem Hinweis ich würde darin viele Antworten auf meine Fragen finden. Wenn ich dann noch weitere Informationen bräuchte, könne ich mich ja wieder melden. Das Interview dauerte demnach nur eine knappe halbe Stunde. Ich war mit dem Gespräch eher unzufrieden, da ich nicht das Gefühl hatte viel herausbekommen zu haben. Irgendwie hatte ich es nicht geschafft, das Eis zu brechen und für eine angenehme Interviewsituation zu sorgen.

# Anhang 3

## Kontext Interview 2[224]

Das Interview fand am Arbeitsplatz des etwa 60-jährigen, männlichen Interviewpartners statt. Der Raum war eine Art Konferenzraum, welcher kein Fenster besaß und durch ein Neonlicht eine eher kalte Stimmung vermittelte. Da die Klimaanlage kaputt war, blieb die Tür die gesamte Zeit geöffnet, um an diesem schwülen Tag ein Mindestmaß an Frischluft zu gewährleisten. Wir saßen an einem sehr großen Tisch nebeneinander und um uns anschauen zu können mussten sich beide leicht verdrehen. Meine Bitte das Gespräch aufzunehmen wurde vom Interviewpartner verweigert. Als Begründung führte er als Argument an, die Technik stelle sich immer mehr zwischen die Menschen und ersetze oft den direkten Kontakt miteinander. Durch diese Entwicklung ginge viel verloren und daher versuche er soweit möglich, auf die technischen Hilfsmittel der Kommunikation zu verzichten. Als Alternative einigten wir uns auf die Mitschrift.

Von Anfang an zeichnete sich die Interviewsituation dadurch aus, dass der Interviewpartner eine große Erzählfreude erkennen ließ. Ich merkte ihm schnell an, dass ihm das Thema Mediation sehr wichtig ist und er sich über eine interessierte Zuhörerin freut. Da er ein sehr breites Wissen auch über Mediation im Allgemeinen besitzt, empfand ich seinen Redefluss als sehr angenehm und informativ. Auch zwischenmenschlich war es sehr angenehm, da wir uns von Anfang an duzten uns und auch mehrere Male gemeinsam lachten. Insgesamt dauerte das Treffen über drei Stunden wodurch es für mich anstrengend war, die Konzentration durchgehend zu halten. Ich versuchte die Balance zwischen Zuhören und Mitschreiben zu finden, und dabei meinen Leitfragebogen nicht aus den Augen zu verlieren. Während meines Gedächtnisprotokolls fiel mir auf, dass fast alle der Fragen beantwortet waren, obwohl ich sie nicht unbedingt gestellt hatte. An einigen Stellen hätte mir jedoch eine genauere Ausführung der Antwort besser gefallen, was ich aber während des Interviews nicht gemerkt hatte. Am Ende des Gespräches bat mich der Interviewpartner, ihm mein Gedächtnisprotokoll vor seiner Veröffentlichung zukommen zu lassen. Er wolle gerne verhindern, dass ich (z.B. aufgrund eines Missverständnisses) etwas falsch wiedergebe. Ich versicherte, der Bitte nachzugehen und verabschiedete mich.

---

224 Anbei finden sich nur Auszüge der geführten Interviews. Bei Interesse an der Vollversion des Interviews 2 kontaktieren Sie bitte die Autorinnen.

# Anhang 4

## Kontext Interview 3[225]

Havanna, Kuba, Interview 3

Aufgenommen am 7.5.2011, in der Psychologische Beratungsstelle in Havanna, Dauer des Gesprächs 2:00:30.

Transkribierende Person: Lena Brode

Teilnehmerbeschreibung: MY und AS, beide weiblich

Dieses Interview war für mich etwas Besonderes, da ich zwei Personen gleichzeitig befragte. Die Kolleginnen waren Anfang 30 und um die 50. Das Gespräch fand in den Räumen statt, welche ihnen (normalerweise) für ihre Beratungen zur Verfügung stehen. Jede setzte sich an eine Ecke des großen, viereckigen Holztisches, wodurch wir untereinander guten Blickkontakt hatten. Beide waren damit einverstanden, das Gespräch auf Tonband aufzunehmen. Die Fenster waren aufgrund der schwülen Hitze durchgehend geöffnet. Der Straßenlärm sorgte für einen konstanten Geräuschpegel, welcher sich vor allem bei den Tonbandaufnahmen bemerkbar machte. Obwohl ich anfangs etwas Bedenken hatte, wie es wird zwei Personen gleichzeitig zu befragen, erwies sich die Situation als sehr fruchtbar. Die beiden Frauen waren sehr vertraut miteinander und bezogen sich gegenseitig ins Gespräch ein. Manchmal fielen sie sich auch gegenseitig ins Wort, was das Transkribieren (deutlich) erschwerte. Mir gegenüber verhielten sie sich sehr offen und freundlich. Da seitens der Interviewpartner ausreichend Zeit für das Gespräch eingeplant worden war, verspürte ich keinen Zeitdruck. An einigen Stellen konnten wir gemeinsam Lachen, was die Atmosphäre weiterhin lockerte. Insgesamt dauerte das Interview zwei Stunden.

---

225 Anbei finden sich nur Auszüge der geführten Interviews. Bei Interesse an der Vollversion des Interviews 3 kontaktieren Sie bitte die Autorinnen.

# Anhang 5

## Interview 1

| | I | ¿Cómo usted define la mediación comercial? |
|---|---|---|
| 1b | I [de] | Wie definieren Sie Wirtschaftsmediation? |
| 2a | S | Mediación comercial se define por la resolución 13 articulo 3. Se concreta |
| 2b | S [de] | Die Wirtschaftmediation definiert sich über Artikel 3 der 13. Resolution. Sie beschränkt sich |
| 3a | S | entre factores del comercio internacional. |
| 3b | S [de] | auf den internationalen Handel. |
| 4a | I | ¿De qué tipos de conflictos hablamos? |
| 4b | I [de] | Von welcher Art von Konflikten wird hierbei ausgegangen? |
| 5a | S | Hay diferentes formas del conflicto. Contractual, ejecutivo, interpretación o |
| 5b | S [de] | Es gibt verschiedene Konfliktformen. Vertragliche, exekutive, interpretative und eben wenn |
| 6a | S | incumplimiento. |
| 6b | S [de] | Abmachungen nicht erfüllt werden. |
| 7a | I | ¿Porqué institucionalizaron la mediación el año 2007, pasó algo en |
| 7b | I [de] | Warum wurde die Mediation 2007 institutionalisiert, ist etwas Besonderes |
| 8a | I | específico? |
| 8b | I [de] | passiert? |
| 9a | S | Este siglo empezaron cursos de mediación comercial ofrecidos por la |
| 9b | S [de] | In diesem Jahrhundert fingen Mediations-Fortbildungskurse an, welche von der |
| 10a | S | Cámara de Comercio. Estos promovieron la legislación en la Corte. |
| 10b | S [de] | Handelskammer angeboten wurden. Diese haben die Gesetzgebung des Gerichtshofes |
| 11a | S | Cuando se renovaron las normas en general, aprovecharon el paso y |
| 11b | S [de] | vorangetrieben. Als die Richtlinien generell erneuert haben, wurde dieser Schritt genutzt, |
| 12a | S | legislaron la mediación comercial en Cuba. |
| 12b | S [de] | um auch die Wirtschaftsmediation in Kuba gesetzlich zu verabschieden. |
| 13a | S | La modificación de las normas era con temas arbitrales, |
| 13b | S [de] | Die Modifizierung der Richtlinien war im schiedsrichterlichen Bereich, |
| 14a | S | véase el decreto 250 al corte. |
| 14b | S [de] | siehe auch im Dekret 250 des Gerichtshofes. |
| 15a | I | ¿Qué áreas de acción tiene? |
| 15b | I [de] | Welchen Handlungsspielraum hat sie? |
| 16a | S | Hay eventos internacionales sobre arbitraje y mediación. |
| 16b | S [de] | Es gibt internationale Veranstaltungen über Schiedverfahren und Mediation. Die |
| 17a | S | La mediación es vista como alternativa previa para no tener que llegar o a la |
| 17b | S [de] | Mediation wird als vorhergehende Alternative gesehen, um nicht bis vors Gericht (dies ist |
| 18a | S | corte (esa es privada, ósea el arbitraje) o al tribunal (eso es estatal). |
| 18b | S [de] | privat, also das Schiedsgericht) oder vor den Gerichtshof (dieser ist staatlich) zu gelangen. |
| 19a | S | Antes esas dos vías eran las únicas, cuando hubo un conflicto. La mediación |
| 19b | S [de] | Früher waren diese zwei Wege die Einzigen, wenn es einen Konflikt gab. Durch ihren |
| 20a | S | comercial tiene un propio espíritu por su marco internacional. |
| 20b | S [de] | internationalen Rahmen hat die Wirtschaftsmediation einen speziellen Charakter. |
| 21a | I | ¿Cuál es el papel de un mediador? |
| 21b | I [de] | Welche Rolle hat ein Mediator? |

# Interview 1 (continued)

| | | |
|---|---|---|
| 1a | S | El mediador ayuda restablecer la comunicación entre los dos lados, usando |
| 1b | S [de] | Der Mediator hilft anhand seiner Techniken, die Kommunikation zwischen den beiden |
| 2a | S | sus técnicas. Él es el puente comunicacional. |
| 2b | S [de] | Seiten wieder herzustellen. Er ist die Verbindungsbrücke. |
| 3a | I | ¿A quién se brinda el servicio? |
| 3b | I [de] | Für wen ist das Angebot der Mediaton zugänglich? |
| 4a | S | Hasta ahora no hubo ninguna mediación oficial. Solo hubo ejercicios y |
| 4b | S [de] | Bisher gab es noch keine offizielle Mediation. Es gab nur Übungen und |
| 5a | S | simulaciones. |
| 5b | S [de] | Simulationen. |
| 6a | I | ¿Porqué la mediación no está usada por las empresas? |
| 6b | I [de] | Warum wird die Mediation von den Firmen nicht in Anspruch genommen? |
| 7a | S | Los técnicos y los comerciales no tienen conocimiento sobre el servicio de la |
| 7b | S [de] | Die Experten und Geschäftsleute wissen nicht, dass es das Angebot der |
| 8a | S | mediación, por eso no lo involucran en su contrato. |
| 8b | S [de] | Mediation gibt, daher binden sie es nicht in ihre Verträge mit ein. |
| 9a | S | También puede ser, que no quieren participar, porque la puerta |
| 9b | S [de] | Es kann auch sein, dass sie nicht teilnehmen wollen, da die Ebene der |
| 10a | S | comunicacional está rota. Un lado siente que tiene el derecho y quiere una |
| 10b | S [de] | Kommunikation beschädigt ist. Eine Seite fühlt sich im Recht und möchte eine |
| 11a | S | demanda y ya. Lo que hace falta es más promoción. Aunque todos los |
| 11b | S [de] | Klage und Schluss. Was fehlt ist mehr Werbung. Obwohl alle |
| 12a | S | eventos incluyen a la mediación. De toda manera falta informar más |
| 12b | S [de] | Veranstaltungen die Mediation mit einbeziehen. Aber dennoch muss noch mehr informiert |
| 13a | S | todavía. Más promoción y difusión. Se puede publicarlo, introducir como un |
| 13b | S [de] | werden. Mehr Werbung und Verbreitung. Man könnte es veröffentlichen, als Methode |
| 14a | S | método. Mi imagen usual también era el litigio nada más. Pero cuando vi a |
| 14b | S [de] | einführen. Mein ursprüngliches Bild war auch der Rechtsstreit und nichts weiter. Aber als ich |
| 15a | S | una alternativa viable, quería conocerla. Es una alternativa para evitar |
| 15b | S [de] | eine mögliche Alternative sah, wollte ich sie kennen lernen. Es ist eine Alternative, um |
| 16a | S | tribunales. Normalmente hay un vencedor y un vencido. En la mediación |
| 16b | S [de] | Gerichte zu vermeiden. Normalerweise gibt es einen Gewinner und einen Verlierer. In der |
| 17a | S | puedes llegar a una situación de ganancia mutua, eso es ventajoso. |
| 17b | S [de] | Mediation kannst du erreichen, dass beide Seiten gewinnen, das ist von großem Vorteil. |
| 18a | S | También la mediación cuesta solo un 50% del arbitraje. |
| 18b | S [de] | Außerdem kostet eine Mediation nur 50% eines Schiedsverfahrens. |
| 19a | I | ¿Cómo se decidió quién participa en el proceso educativo? |
| 19b | I [de] | Wie wurde entschieden, wer an den Fortbildungen teilnehmen darf? |
| 20a | S | Mucha gente aplicaron y según el perfil eligieron siete nombrados. El |
| 20b | S [de] | Viele haben sich beworben und je nach Profil, wurden sieben Personen ausgewählt. Die |
| 21a | S | nombramiento fue vía la resolución. |
| 21b | S [de] | Ernennung fand an Hand der Resolution statt. |

# Interview 1 (continued)

| | | |
|---|---|---|
| 1a | I | ¿Se conocen entre ellos? |
| 1b | I [de] | Kennt man sich denn untereinander? |
| 2a | S | Hay mucha relación entre los mediadores aunque a veces se diferencian los |
| 2b | S [de] | Es gibt viele Verbindungen unter den Mediatoren, auch wenn sich die Arbeitsplätze |
| 3a | S | centros del trabajo. |
| 3b | S [de] | teilweise voneinander unterscheiden. |
| 4a | I | ¿Cómo es la relación entre los mediadores? |
| 4b | I [de] | Wie ist die Beziehung zwischen den Mediatoren? |
| 5a | S | Hay reuniones, juntos hacen la organización de eventos, participan en |
| 5b | S [de] | Es gibt Sitzungen, gemeinsam werden Veranstaltungen organisiert, wird an Aktivitäten |
| 6a | S | actividades sobre la mediación. |
| 6b | S [de] | über die Mediation teilgenommen. |
| 7a | I | ¿Porqué muchos cubanos no tienes esa "cultura" |
| 7b | I [de] | Warum haben viele Kubaner nicht diese " Kultur", |
| 8a | I | de aprovechar la mediación? |
| 8b | I [de] | Mediation zu nutzen? |
| 9a | S | Los cubanos están acostumbrados a tribunales o cortes de arbitraje. Yo te |
| 9b | S [de] | Die Kubaner sind an den Gerichtshof oder das Schiedsgericht gewöhnt. Ich klage |
| 10a | S | demando y punto. Como mediador uno se siente más focalizado. Tuvimos |
| 10b | S [de] | dich an und Schluss. Als Mediator fühlt man sich ergebnisorientierter. Wir hatten |
| 11a | S | mucha preparación con cursos intensos. No era específicamente comercial, |
| 11b | S [de] | viel Vorbereitung mit sehr intensiven Kursen. Diese waren nicht speziell auf die Wirtschaft |
| 12a | S | sino mediación en general. |
| 12b | S [de] | bezogen, sondern auf Mediation im Allgemeinen. |
| 13a | I | ¿Ha cambiado su comportamiento en los propios conflictos, después de |
| 13b | I [de] | Hat sich Ihr eigenen Konfliktverhalten geändert, seitdem Sie |
| 14a | I | haberle conocido a la mediación? |
| 14b | I [de] | Mediation kennen gelernt haben? |
| 15a | S | La formación influyó mi vida profesional e individual. |
| 15b | S [de] | Die Ausbildung hat sowohl mein berufliches als auch mein persönliches Leben beeinflusst. |
| 16a | S | En negociaciones estoy usando las técnicas que aprendí hasta |
| 16b | S [de] | In Verhandlungen nutze ich die Techniken die ich gelernt hab, manchmal sogar |
| 17a | S | involuntariamente. |
| 17b | S [de] | unbewusst. |
| | | |
| | | |
| | | |
| | | |
| | | |
| | | |
| | | |

# Anhang 6

Transkriptionsregeln nach Hoffmann-Riem

**Zeichen Bedeutung**

| | |
|---|---|
| .. | kurze Pause |
| … | mittlere Pause |
| …. | lange Pause |
| …… | Auslassung |
| /eh/ | Planungspausen |
| /ehm/ | |
| ((Ereignis)) | nicht-sprachliche Handlungen, z. B. ((Schweigen))((zeigt auf ein Bild)) |
| ((lachend)) | Begleiterscheinungen des Sprechens (die Charakterisierung |
| steht vor den | entsprechenden Stellen) |
| ((erregt)) | |
| ((verärgert)) | |
| <u>sicher</u> | auffällige Betonung, auch Lautstärke |
| s i c h e r | gedehntes Sprechen |
| ( ) | unverständlich |
| (so schrecklich?) | nicht mehr genau verständlich, vermuteter Wortlaut |

# Anhang 7

**Beobachtungsprotokolle:**
**Período Especial**

In vielen Situationen wird mir als Außenstehende von den schwierigen Lebensumständen während der *Período Especial*. Die Geschichten sind manchmal so abgedreht, dass ich gar nicht weiß, ob ich sie glauben soll. Dass sie auf die Pizza Kondome gelegt haben, als Käseimitation. Kondome gab und gibt es an jeder Ecke zu sehr kleinem Preis. Käse gab es zu Zeiten der Spezialperiode gar nicht und auch jetzt ist es ein eher seltenes und teures Gut in der Ladentheke. Stolz erzählen mir sowohl jung und alt, dass sie sie Überlebt haben, die Spzialperiode. Aber so schnell kriege sie ja eh nichts unter. Ich bin bei den Geschichten hin-un hergerissen. Einerseits schleicht sich ein Gefühl der Bewunderung ein, über dieses Durchhaltevermögen. Mir fällt es als Konsumkind schon in den heuten Lebensumständen Kubas schwer, nicht immer alles zur Verfügung zu haben. Manchmal glaube ich, wenn ich in der *Período Especial* hätte leben müssen, wäre ich wahrscheinlich irgendwann ausgewandert. Dennoch kann der sehr starke Stolz, der in so vielen Situationen zum Ausdruck kommt auch ein Gefühl der Minderwertigkeit erzeugen. Immer wenn es etwas nicht mehr gab, oder der Bus nicht kam wurde mir gesagt, das sei nichts. Wenn ich nur mal die Spezialperiode erlebt hätte. Vielleicht ist e seine Strategie, die Umständen trotz einiger Geduldsproben im Positiven zu sehen.

## Yumas

Mir ist heute mal wieder aufgefallen, dass vor allem die *Yumas* (ausländische Touristen), mit ihrer starken Tendenz zu Luxus und Konsumgütern, dem Spott ausgesetzt sind. In der Hinsicht werde ich nicht so sehr belächelt. Vielleicht habe ich mich schon oft genug in der Geduldsprobe behauptet. Gestern sind jedenfalls an einem Bus voller Touristen vorbeigelaufen und jeder der sechsköpfigen Gruppe hatte einen anderen Spruch parat. Vor allem die Funktionskleidung wird mit einem unverständlichen Lächeln kommentiert. Gerne wird auch geraten, zu welcher Nationalität die Touristen gehören. Ich bin dann immer Schiedsrichter, der die richtige Antwort weiß. Dass ich aber auch oft überfragt bin, ist wiederum schwer zu verstehen. *Aber das sind doch deine Leute*, kommt dann meistens. Da bekomme ich den Eindruck, alles was außerhalb Kubas stattfindet ist ein Brei.

## Auf der ganzen Welt

Dabei fällt mir ein, neulich hat meine Freundin Danet ein Lied im Radio gehört. *Lena, das hört man jetzt auf der ganzen Welt.* Der kubanische Künstler ist ein Neuling im Geschäft und hat gerade erste Erfolge mit seiner Musik. Ich habe mich sehr gewundert, dass er jetzt schon international bekannt sein soll. Nachdem ich mein Erstaunen verkündet habe, stellte sich heraus, mit der ganzen Welt war Kuba gemeint. Danach ist mir öfter aufgefallen, das von der ganzen Welt gesprochen wird, obwohl nur Kuba gemeint sein kann. Dieses Phänomen findet sich sogar im regionalen Raum Havannas, wo für die Hauptstadt geltenden Dinge als universell, also der ganzen Welt bezeichnet werden.

**Irgendwo dazwischen**

Es sind vor allem die kleinen Momente, in denen der Unterschied immer und immer wieder deutlich wird. An vieles habe ich mich schon gewöhnt. Was sogar dazu führt, dass ich widerum *Neuankömmlinge* (z. B. Austauschstudenten und Touristen) belächle. Für mich ist es kaum noch Überwindung auf die verschmutzen Toiletten zu gehen, welche aufgrund des Wassermangels nur selten gespült werden. Das natürlich mit einem Wassereimer, denn nur selten hat eine öffentliche kubanische Toilette hier einen funktionierenden Spülkasten (die Toiletten des Touristensektors sind natürlich sauber und mit laufendem Wasser bespült). Die Frauen und Männer die die Toiletten ab und an säubern, sitzen meist "Wache" um ihren wohlverdienten Peso zu kassieren. Aber auch, damit keiner aus versehen auf das besetzte Klo geht, denn die Türen sind meist nicht abzuschließen. Klopapier gibt es eigentlich nur an den von Touristen bevölkerten Orten. Also ist mein Credo, immer genug davon dabei zu haben. Denn auf das Luxusgut Klopapier fällt es mir sehr schwer, zu verzichten. Auch wenn ich in vielem schon abgehärtet bin (mein Magen verträgt mittlerweile das Wasser, auch ohne es vorher abzukochen) und meine Ansprüche weit runter geschraubt habe, gibt es halt doch noch Unterschiede zwischen *den Kubanern* und mir.

**Revolution versus Imperium**

Es vergeht kaum ein Tag, an dem die Revolution nicht direkt oder indirekt eine Rolle spielt. Ständig kommen neue Filme raus, an den Wänden stehen geschichtlich bedeutende Zitate und vor allem der Feind der Revolution, das *Imperium* findet auch ständig Erwähnung. Viele der Einschränkungen, die die Kubaner machen müssen werden auf die Blockade zurückgeführt. Wenn in den Nachrichten also von einem Mangel an Reis gesprochen wird, kommt auch gleich die Begründung – *el bloqueo*, die Blockade bzw. eher das Embargo. Dabei fällt mir immer wieder Danet ein, wie sie mir erläutert hat, dass sie die Errungenschaften der 50 Jahre langen Revolution, die sich vor allem in der Bildung und im Gesundheitswesen manifestieren, sehr zu schätzen weiß. Aber sie sind für sie schon zu einer Selbstverständlichkeit geworde. Sie hat andere, weitere Bedürfnisse und die werden durch das Gesundheitssystem auch nicht gestillt. Ähnliche Situationen konnte ich auch im Kontakt mit den lateinamerikanischen Austauschstundenten feststellen. Denn für sie ist das System Kubas vorbildlich und sie können gar nicht verstehen, dass die Grundsäulen der Revolution für viele Bürger schon zum Normalgut geworden sind. Vor allem der zweiten und dritten Generation fällt es immer schwerer, sich mit diesen Vorteilen zufrieden zu geben. Allerdings ist vielen auch bewusst, dass das kapitalistische System auch nicht alle Sorgen und Nöte löst. Im Gegenteil, aus der Erfahrung ausgewanderter Familienmitglieder und Freunde wissen sie, dass es ein harter Kampf ist. Hierbei kennen alle das katastrophale Gesundheitssystem der USA und den Film von Michael Moore. Er hat das kanadische, das US-amerikanische und das kubanische Gesundheitssystem verglichen. Ich habe es damals nicht verfolgt, aber eigentlich hätte wohl Kuba das Ranking gewonnen. Da Moore aber seinen Film nicht hätte veröffentlichen dürfen, kommt Kanada auf den ersten und Kuba auf den zweiten Platz.

**Autozensur**

Heute habe ich mich mit Danet in der Küche verquatscht. Ich weiß nicht mehr warum genau, aber wir kamen auf das Thema "Revolution" zu sprechen. Ich habe sie gefragt, was sie eigentlich davon hält. Auf einmal hat sie angefangen englisch mit mir zu reden. Ich habe sie fragend angeschaut und gefragt, warum sie gerade die Sprache gewechselt hat. Sie hat ihrem Blick auf die Durchlüftungslöcher der Wand gedeutet die zum Haus ihren Nachbarn führen. Auf Kuba sind viele Häuser einerseits aufgrund der klimatischen Umstände und andererseits aufgrund mangelnder Materialien zum Neu-/Umbau sehr hellhörig. Auf englisch erklärt mir Danet, dass ihr Nachbar ein alter Revolutionär ist und sie nicht Gefahr laufen will, dass er sie jetzt hört. Eigentlich sei er ja ganz nett und sie habe ein ganz gutes Verhältnis zu ihm. Sie glaube auch nicht, dass er irgendetwas tun würde, aber sicherheitshalber solle er sie nicht verstehen.

**Studien zur interkulturellen Mediation**

Herausgegeben von Hartmut Schröder und Dominic Busch

Band 1 Dominic Busch: Interkulturelle Mediation. Eine theoretische Grundlegung triadischer Konfliktbearbeitung in interkulturell bedingten Kontexten. 2005. 2., korrigierte Auflage. 2007.

Band 2 Dominic Busch / Hartmut Schröder (Hrsg.): Perspektiven interkultureller Mediation. Grundlagentexte zur kommunikationswissenschaftlichen Analyse triadischer Verständigung. 2005.

Band 3 Dominic Busch (Hrsg.): Interkulturelle Mediation in der Grenzregion. Sprach- und kulturwissenschaftliche Analysen triadischer Interaktionsformen im interkulturellen Kontakt. 2006.

Band 4 Anna Baranova: Wirtschaftsmediation als alternative Methode der Konfliktlösung. Möglichkeiten und Problemstellen der Wirtschaftsmediation in der Praxis. 2009.

Band 5 Dominic Busch / Claude-Hélène Mayer / Christian Martin Boness (eds.): International and Regional Perspectives on Cross-Cultural Mediation. 2010.

Band 6 Linda Brackwehr / Claude-Hélène Mayer: Der Einsatz von Aufstellungsarbeit in der Mediation. Eine qualitative Studie über Anwendungsbeispiele aus der Praxis. 2015.

Band 7 Lena Brode / Claude-Hélène Mayer: Mediation auf Kuba. Wie werden Konflikte im realsozialistischen Umfeld gelöst? 2015.

www.peterlang.com

www.ingramcontent.com/pod-product-compliance
Lightning Source LLC
Chambersburg PA
CBHW052013270326
41929CB00015B/2903